起業を考えたら会社を辞める前に読む本

起業したら
本当に望む人生を
送れますか？

桜又 彩子
Sakuramata Ayako

つた書房

はじめに

本書のタイトルを見て手に取ってくださった方、どうか誤解しないでくださいね。私は決して、起業自体を否定しているわけではありません。

もしあなたが、起業することをもう100％決めていて、具体的な起業の方法や成功の秘訣を知りたいというのであれば、本書はお役に立てないと思います。

一方、起業したいなとは思っているものの、まだ迷いがあったり、本当にその道でいいのかと不安な人は、この本を読めば、起業という選択肢がベストかどうか、見直すことができます。

結果的には、どのような選択でもいいのです。大切なのは、あなたが心から納得して、その道を選べることです。


私は、システム開発会社の人事部で約7年間、企業従業員の心身の健康をサポートする会社で約15年間、働く人々の悩みや心に向き合ってきました。

人事部で採用や教育に関わった後輩たちには、新人のときの目の輝きを失わないまま、元気に働いていってほしいと、心から願っていました。

今の会社では、企業の人事部の方々と一緒に、どうしたら従業員が心身ともに健康に働いていけるのか、知恵を絞っています。

たくさんの働く人々を見てきました。中には、うつ病などのメンタルヘルス不調に苦しむ人々もいました。その一方で、肉体的・精神的・社会的に健康であるという「ウェルビーイング」な状態で、活き活きと働く人々がいます。


両者を分けるものは何なのでしょうか。


そして、最も多い層は、「メンタルヘルス不調でもないし、ウェルビーイングとも言えないけれど、とにかく働いている」という人々です。

その人たちも実は、「働く目標が見つからない」「働きがいが見つからない」「このままでいいのだろうか」「この仕事をこの先もずっとやっていくのか？　やっていかれるのか？」……というモヤモヤを抱えながら働いています。誰にもそのモヤモヤを相談できず、誰にも気づいてもらえず、不調にならないようになんとか自分で自分の心身のバランスをとりながら、毎日仕事を頑張っています。

どうしてそんなモヤモヤを抱えた人が多いのでしょうか。
どうしたら人は望むキャリアを生きられるのでしょうか。

本書は、私のそんな問いから生まれました。
私が辿り着いた結論は、

「あなたは、『あなたの人生』というストーリーの主人公である。望むストーリーを選び、自分の強みを活かしながら、生きることができる」

ということでした。本書を通じて、そのことをあなたにお伝えしていきたいと思います。

そしてもちろん、人生というストーリーの中で、キャリアの選択は非常に大きな影響力を持っています。

どうすればあなたが心から納得してキャリアを選択し、望むストーリーを生きることができるのか、一緒に探索していきましょう。

CHAPTER

01 「やりたいこと」で起業すると失敗する

CHAPTER
02 「やりたいこと」ではなく、「上手くできること」をやろう

CHAPTER
03 現在の自分を見つめ直す ～あなたは今、どんなストーリーの中にいますか～

CHAPTER 04 過去の自分を振り返る ～あなたはこれまで、どんなストーリーを生きてきましたか～

CHAPTER
05 あなたの人生のストーリーのテーマ

CHAPTER

06 未来の自分を構築する ～あなたはこれから、どんなストーリーを生きていきたいですか～

読者特典

本書をご購入いただきました読者の皆様に、
感謝を込めて、以下をプレゼントいたします。

特典①

あなたの「性格の強み」を診断するツールをご紹介するPDFファイル

世界中で使われている「VIA調査票」や「ストレングスファインダー」の特徴、受検方法をご案内した文書です。

特典②

動画解説

上記の診断ツールについて、著者自身の結果を用いながら、結果の読み解き方や活用方法を解説する動画です。

特典は、こちらから受け取ってください。

直接ブラウザに入力する場合には、下記のURLをご入力ください。

https://forms.wix.com/de10ee77-54b7-489c-ab31-b88c37d7c470:a81d59fa-a96d-40f2-b07d-4f7ad78772ef

※特典は著作権法で保護された著作物です。許可なく転載・配布することは禁じられています。
※特典は予告なく終了する場合があります。お早目にお申込みください。

CHAPTER 01

やりたいことで起業すると失敗する

SECTION 01

それは「本当にやりたいこと」か？

「やりたいこと」と「本当にやりたいこと」は違う

「えっ？　やりたいことだからこそ、起業しても成功するんじゃないの？」

のっけから、そう疑問に思われたかもしれません。はい、もちろんその通りなのですが、最初にお伝えしておきたいのは、「やりたいこと」と「本当にやりたいこと」は違う、ということです。

「やりたいこと」は、比較的多くの人が見つけられるものです。

「昔から骨董品が好きなんだよなぁ。素敵な骨董品を海外から個人輸入して、販売するお店を持ちたいな」というように、自分の興味・関心の範囲の中から見つかります。

「これまでずっと営業の第一線で頑張って、十分な実績も上げてきた。自分で編み出した営業ノウハウには自信がある。営業のコンサルタントとして独立したいな」というように、自分がこれまでやってきた仕事からも見つかります。

「せっかく国家資格を取ったのだから、この資格を活かして独立したい」と、取得した資格からやりたいことを考える人も多いでしょう。

たまたま目にした、または思いついた事業が面白そうで、「やってみたい」と思うこともあるでしょう。

一方で、「本当にやりたいこと」が見つかっている人は、多くありません。

では、あなたの「やりたいこと」は「本当にやりたいこと」なのでしょうか。試しに、次の質問に答えてみてください。

- 誰に批判されてもやらずにはいられないという、強い信念がありますか
- それをやることで別の大切なものを失うとしてもやりますか
- 巨大な障害が出現しても後悔しませんか
- 相当な期間、上手くいかないとしても後悔しませんか

- やるかやらないかで悩むことはなく、やるということだけは揺ぎなく決まっていて、やる方法に知恵を絞っていますか？
- 大成しないかもしれなくても、一生涯やり続けるだろうと感じていますか？
- どんな困難があっても、それをやる自分を最後まで信じ抜けますか？
- それをやることが、人の役に立つための一番の方法だと信じていますか？
- それを何としても世に広めたい、伝えたいという強い想いがありますか？

これらの質問への答えが、おおかた「ＹＥＳ」なのであれば、それはきっと、あなたの「本当にやりたいこと」だと思います。もしあなたが「本当にやりたいこと」で起業しようと計画しているのであれば、今すぐこの本を閉じて、起業の準備に取りかかってください。「本当にやりたいこと」で起業を決意している人を止める気は、まったくないのです。いえ、「本当にやりたいこと」を見つけている人は、誰が止めたとしても、突っ走るように、もう進んでいることでしょう。

一方、質問を読んで、「いや～……ちょっと、そこまで言われると、どうかな……」

と不安になってきた人は、ぜひこの先を読み進めていただきたいと思います。

起業には、リスクがつきものです。想定外の出来事が起きたり、事業がうまく軌道に乗らなかったりしたとき、「本当にやりたいこと」であれば、ちょっとやそっとでは挫けません。落ち込むことはあるでしょう。でもどうしても諦めたくないので、なんとか困難を突破しようとします。どうしたってフツフツと内側からパワーが湧いてくるのです。

しかし、単なる「やりたいこと」だった場合、「やめときゃ良かった……」と、後悔してしまう可能性が高いです。私はあなたに、後悔する道は選んでほしくないと思います。

ちなみに、「本当にやりたいこと」はどこから来ているのか、後の章でお伝えいたしますね。

SECTION

02 なぜ「やりたいこと」で起業すると失敗しやすいのか？

「やりたいこと」と「求められること」と「上手くできること」

「やりたいこと」なのに、なぜ失敗してしまう可能性があるのかというと、それが「求められること」そして「上手くできること」だとは限らないからです。

「やりたいこと」とは、あなたが今現在の主観で望むことです。

「求められること」とは、他者から望まれることです。

「上手くできること」とは、あなたの強みが発揮できることです。

「やりたいこと」は、ころころ変わる

思い出してみてください。あなたが10歳若かった頃にやりたかったことと、今やりたいことは同じでしょうか？　20歳若かった頃は、何をやりたかったでしょう？　30歳若かった頃は……？

例えば私の場合、今46歳、キャリア・コンサルティングがやりたいことですが、35歳の頃は、自分が人のキャリアの相談に乗るなんて、考えていませんでした。

実は、その頃に、「キャリア・コンサルタントが国家資格になるから、受験してみたら？」と勧めてくれた人がいたのですが、「まだまだ経験の乏しい自分が、人様のキャリアの相談に乗るなんておこがましい」と考えていました。それより、人と人の間に立って調整することが得意だったので、社会保険労務士として、あっせん（企業と従業員がモメたときに、裁判外で紛争解決の手続きをすること）の仕事をやりたいと思っていました。

25歳の頃は、そのとき所属していた会社の人事部の仕事をずっと続けたいな、と思

っていました。

「企業と従業員の間に立って、働く人を支援する仕事」という軸は、実はぶれていないのですが、具体的にやりたいことは、その年代ごとに、まったく変わっています。

つまり、今あなたのやりたいことが、10年後のあなたにとってもやりたいことだとは限らない、ということです。ましてや、30年後のあなたは、まったく違うことに興味を持っている可能性のほうが高いのです。

心理学の研究結果によると、人は「現在の価値観や好みが最も優れている」と思い込むものだそうです。そして、「将来的に価値観や好みが変化する可能性を過小評価しがち」だという結果も出ています。

誰しも、過去に自分がハマっていたものを思い返して、「なんであんなものが好きだったんだろう……」と呆れたり、恥ずかしくなったりした経験があると思います。でも、もしそれにハマっている真っ最中に、誰かからそれを批判されたらどうでしょう。きっと躍起になってそれの良さを主張し、「絶対に一生好きだから！」くらいのことは、言い放ったのではないでしょうか。

そのときどんなに「これだ！」と思い込んでいても、人の心は変化します。あなたを取り巻く状況や環境も変化します。そのため、「今」やりたいことで起業に踏み切るのは、リスクが高いといえるでしょう。

逆に、もし、あなたの今やりたいことが、30年前からずっと変わっていないのであれば、それは「本当にやりたいこと」である可能性が高いですね。

「やりたいこと」が、「求められること」とは限らない

起業が成功するためには、市場性が重要です。その仕事にぜひともお金を払いたいという人が、一定数いる必要があるわけです。ただし、そういう市場はすでにたくさんの人が参入し、成功しているので、競争が激しくなっています。いわゆる「レッド・オーシャン」と言われる市場ですね。

一方、あなたがどんなに素晴らしいと思う事業内容でも、ニッチすぎて、求めている人が少なければ、それは売れません。つまり食べていかれないということになりま

す。もちろん、ニッチな商品が、ある特定の層には非常に求められて、密かな人気商品になるということはありえます。むしろ、個人事業主や中小企業は、ニッチな市場を狙っていくのが得策だと言えるでしょう。少数派の強烈なニーズを掴みとれるかが鍵になりますね。ただ、鋭いアンテナや相当なリサーチ力がないと、難しいと思います。

また、今は市場性が低くても、将来的には成長していくだろうという予測のもとに事業を始めるという選択肢もあります。「ブルー・オーシャン」に漕ぎ出すという選択ですね。しかしその場合、圧倒的なオリジナリティや価格優位性、自分が市場を育てるのだというくらいの情熱や発信力、影響力が必要となります。

世間の人々は、そこに良いサービス・良い商品があるということに気づいていない、それどころか、自分の中にそれに関するニーズがあることにすら、気づいていない状態です。「あなた、こんなことで困っていませんか？　それ、実は解決できるんですよ！」という発信をして、まずは気づいてもらわなければならないわけです。

人に影響を与え、人の気持ちを巻き込むのは、あなたの情熱です。市場が育つまで諦めない、粘り強さです。「ブルー・オーシャン」で新しい事業を成功させるためには、並々ならぬ信念が必要不可欠なのです。

そう、それが「本当にやりたいこと」であれば、あなたは「ブルー・オーシャン」で泳ぐことができるかもしれません。

「やりたいこと」が「上手くできる」とは限らない

「やりたい」と「できる」は違います。

すでに現職で、やりたいことと同じ、または近しい仕事で経験を積み、卓越した成果を出している、そして、あなたの能力に対してぜひともお金を払いたいという人が一定数見込まれているのであれば、問題ありません。起業したあとのお客様が、あらかじめ見えているという状態ですね。

その前提なく、「やりたいことなんだから、きっと上手くできるだろう」と考えるのは甘いし、危険だと思います。

また、会社という看板を背負っていれば、同僚より少し上手くできれば「できる人」という評価を受けられます。例えば、あなたが研修講師の受注をたくさん取れているとしましょう。標準レベルより研修が上手にできるからたくさん受注が取れる、という側面ももちろんあります。ただ、あなた個人ではなく、会社として受注しているのであれば、あなたが会社の信用をバックに背負っているからこそ、お客様はあなたに任せていると考えたほうがいいでしょう。同じ研修を、なんのバックもない個人としてのあなたが「やりますよ」と営業した場合、お客様は同じ料金で発注してくれるだろうか、と考えてみてください。

起業して食べていけるほど「できる人」という評価を受けるには、同じ分野で活躍している人よりもさらに卓越したレベルで「できる」必要があります。お客様から「他でもないあなたに任せたいから、独立したってついていくよ」と言われるレベルです。

また、単純な話ですが、「下手の横好き」ということわざがあるように、やりたいし好きなんだけれども、どうしても上手くできない分野というのも、あるんですよね。

やる気十分で、ずっと頑張っているのに、なぜか成果の出ない人って、いますよね。やりたいし好きな仕事だから、なかなか見切りがつけられなくて、ズルズルと続けてしまいがちなのですが、向いていない分野からは撤退する方が得策です。

いやいや、「好きこそものの上手なれ」ということわざもあるじゃないかと、あなたは思ったかもしれません。そのことわざもまた真なり、だと思いますので、「好き」と「できる」が一致する分野については、後々考えていくことにいたしましょう。

ちなみに、やりたくないし好きでもないのに上手くできてしまう……という分野もあります。この分野でたまたま職についてしまうと、上手くできてしまう分、評価も報酬も忙しさレベルも、どんどん高くなります。その結果、自分的にはまったくモチベーションが上がらない、なのに辞めるに辞められない……というジレンマに陥りがちです。

SECTION
03 「やりたいこと」で失敗したときのダメージ

「やりたいこと」の夢が破れたとき

長年の夢が破れる、こんなにつらいことがあるでしょうか。

どうしても叶えたい夢があったとします。人生の相当の時間をかけて努力して、直接的にも間接的にも自分にできることは全てやって、苦しいときでも頑張って頑張って、全力を尽くして、お金も投資して、神仏に祈り、ご先祖様に祈り、空にも祈り、星にも月にも祈り、叶ったときのイメージを何度も脳裏に思い描き、願って願って願って、手ごたえも自信もちゃんとあって、これが自分の使命だって、そう確信していたのに……それでも、夢が叶わないことって、あるんです。努力したのに報われなかった……そういうことって、起きるんです。口惜しくて仕方なくて、地面を叩き、どうして?って、泣き叫びたくなるようなことが、人生には起こります。叶わないなら、神さまはどうしてこんな夢を私に見せたのか……夢さえ見なければ、こんなにつらい思いをすることもなかったのに……と、神さまにうらみごとを言いたくなるときが、あるんです。

わかりやすい例は、ミュージシャンやお笑い芸人や作家など、才能が必要な分野の仕事に憧れて、何年も何年も努力をし続けたあげく、夢が叶わないというケースでしょう。

夢を追い続けることは確かに美しい、私はそう思います。ただ、夢が叶わなかったときのダメージについても考えます。いい歳をして積み上がったキャリアもない、今後の見通しもない、そのような状態に陥ったときのダメージは計り知れません。

その夢が「本当にやりたいこと」で、破れたとしても、嵐のような悲しみが過ぎ去ったあと、努力したその過程を心から愛せるならば、それはやはり美しいと思います。その夢は叶わなくても、何か違う夢にその道が繋がっていたということもありえるでしょう。

他人に認められなくても気にしない、死ぬまでその夢を追い続けることが幸せだという人は、それはそれで素晴らしい生き方だと思います。

しかし、多くの人にとって、やりたいことの夢が破れるダメージは、大きすぎるのではないかと思うのです。

SECTION 04

その起業の動機を見つめ直してみよう

挑戦なのか、逃げなのか

実は私自身も、かつて起業しようと計画したことがあります。フランチャイズで塾を開業するという計画でした。自宅を塾にリフォームするための資金の目途をつけて、業者と打合せを行い、会社に退職の意思を伝えました。フランチャイザーからの研修を受け、すでに開校している塾へ見学に行き、生徒募集のノウハウも勉強しました。いったん「こうだ」と決めたらどんどん行動するタイプなので、あと一歩で退職・起業というところまで道を進めていました。児童文学を書くのが夢だったので、「これからは子どもと直に接する仕事をしていこう。今の子どもたちが何に悩み、どんなことを思いながら生きているのか知りたい。塾の仕事を通じて、子どもたちに寄り添っていこう」と、そのときは固く決意していたのです。

しかし、最後の最後、父からの言葉で、私は塾の開校を思いとどまります。「子どもの本を書きたいなら、子どもと直に接する塾の仕事は逆に良くない。どんなにフィクションだと言い張っても、子どもたちの普遍的な悩みを描写したなら、『先生は私のことを勝手に書いた』と思う子が必ず出てくる。体験していないことでも取材と想像で書けるのが、作家というものではないか」そのアドバイスに深く納得したからです。

ただ、後から冷静になって思い返せば、父の説得であっさりやめることができたのは、塾の開校そのものは、私の夢ではなく、夢に近づくための「手段」だったからだと思います。

そして、決して前向きな気持ちだけで決意したことではなかったからです。その頃、会社での人間関係がうまくいっていませんでした。自責の念にかられることや傷つくことがいくつも起きて、逃げ出したいと思っていました。そういう自分の思いに気づいてはいましたが、「やりたいことに挑戦しようとしているんだ」という前向きな動機のほうに、必死にしがみつこうとしていました。でも、無理があったのだと思います。

今考えれば、それは「挑戦」ではなく、「逃げ」でした。だからこそ、それを見透かすような父の説得に屈したのだと思います。そして屈したあと、どこかホッとしている自分もいたのです。

うまくいかない現状から逃げるための起業は、きっと上手くいかないと思います。「前向きな挑戦をしたいから起業するんだ」という選択の裏に、今の会社でどうしても許せないこと、つらいこと、悲しいことはないでしょうか。ネガティブな出来事や、感情をリセットしたい、という理由が隠れてはいないでしょうか。

でも、その選択が「挑戦」なのか「逃げ」なのか、自分でははっきりわからないんですよね。

そこで私がお勧めするのは、ネガティブな感情や思いは、いったん吐き出してしまったほうがいい、ということです。ネガティブな感情を溜め込むと、かえって囚われます。

ネガティブな感情を持ってしまうことは、悪いことではありません。その感情も含めて、あなたです。私たちがネガティブな感情を持つのは、危険や脅威から身を守るため、自分を守って生き抜くためです。だから、自然な感情なのです。ネガティブも自分、ポジティブも自分、行ったり来たりしながら生きていくものです。

そしてネガティブな感情は「本音」に近いので、いったんそれに光をあててあげましょう。自分のネガティブな感情に「大丈夫。ちゃんとわかっているよ」と言ってあげましょう。

私が起業しようとしていたとき、自分のネガティブな感情を許せていなかったと思います。見ないようにしていました。だから、どこかで無理が生じていたのだと思います。

自分と対話するように、素直な感情をそのまま書き出してみることをお勧めします。「○○のこと、すごくつらかったよね。傷ついたよね。腹が立ったよね。裏切られたと思ったよね。それってさ、もともとはあの人のこと、すごく信じていたからだと思う。同じ思いでいると期待してしまっていたね。そういえば、学生の頃にも、同じようなことがあったよね……」という感じで、自分の中で怒っているもう一人の自分に話しかけるような言葉で、書いてみてください。少し冷静に、素直な気持ちを綴れると思います。自分の内面に語りかけていくうちに、本音の奥の、さらに深い本音が見えてくることもあります。

ネガティブな感情を自分の中で許せたとき、思考はどう変化しているでしょうか。

もし、あなたにネガティブな感情を起こさせた人や物事が、今後変化すると仮定した場合でも（例えば、嫌いな上司が異動でいなくなり、とても気の合う上司が来るなど）、迷いなく会社を辞めようと思うでしょうか。

ネガティブ感情がキレイに消えたとき、やはり起業したいと改めて決意できるなら、それは「逃げ」ではなく「挑戦」なのかもしれません。

SECTION

05

「やりたいこと」なんてなくてもいい

「やりたいことをやるのが良い人生だ」という幻想とプレッシャー

いつからでしょうか、「やりたいことをやろう」という風潮が強くなったように思います。大学で教鞭をとっている友人に聞きますと、「やりたいこと」や「夢」がないと、人間としてつまらないんじゃないか、とおびえる若者がとても多いそうです。

大成功を収めた有名人が、途中の苦労や挫折や地道な努力の部分は端折って、「やりたいことを諦めずに追い続けたからこそ、成功した」とキラキラ語ることによって、「やりたいことがない人」は、さらに劣等感を抱きます。

ここで、はっきりさせておきましょう。今、特段やりたいことがなくても、仕事にしたいと思えるほど好きなことがなくても、あなたは良い人生を歩めます。やりたいことで成功している人だけが、幸せになるわけではありません。

やりたいことで成功した人の代名詞のようなスティーブ・ジョブズだって、アップル立ち上げのきっかけになる最初の発想は「コンピュータの基盤回路を作って地元の電脳オタクに売ったら、手っ取り早く儲かりそうだ」というものだったそうです。決してコンピュータが好きで好きでやりたい仕事だったから始めたというわけではないのです。始めてから、その仕事が自分の特性に合っていることを知り、だからこそ仕事を愛するようになり、こだわるようになっていったのでしょう。

ですから、「やりたいこと」が見つからないからといって、卑屈になる必要は全くありません。

また、人が働く理由はひとつではありません。アメリカの心理学者であり、経済学者でもあるドナルド・スーパーは、働くことの価値を14のタイプに分類しました。

その中には、

・達成感を得たい

- 人や社会の役に立ちたい
- たくさん稼いでいい生活を送りたい
- 能力を発揮したい
- 社会的に認めてもらいたい

といったわかりやすいものから、

- 美しいものを作りだしたい
- 新しいものを創りだしたい
- 自分のペースで暮らしたい
- わくわくするような体験がしたい
- とにかく身体を動かしたい

というものもあります。

やりたいことがなくても、自分の価値観と仕事内容が合っていれば、働くことそのものから、幸せや満足感を感じられるのです。

「やりたいこと迷子」になっている人たち

そもそも、自分のやりたいことが明確な人、一生の仕事にしたいくらい好きなものがある人が、いったいどれくらいいるでしょうか。

やりたいことを探そうとするのはいいのですが、探し続けて迷子になって、結局中途半端な仕事しかできていないのであれば、それはとてももったいないことです。

この世のどこかに自分の「天職」があって、それに出会いさえすれば、ただちに幸せな仕事人生を送れると考えるのは、短絡的と言わざるを得ません。天職を生きているように見える人々は、すべからく、常人ではありえないほどの努力や時間をその仕事に投下しています。

今の仕事は天職ではないかもしれない……私がやるべき仕事は何か別にあるのかも

しれない……とモヤモヤ悩む暇があったら、目の前の仕事で卓越した成果を出す工夫をしたほうが、何倍も価値があります。本気で取り組んだその経験が、キャリアに道筋をつけるからです。

多くの働く人々の話を聴いているとわかるのです。自分の仕事を天職だと感じている人も、始めから「天職だ」と思って、その仕事に取り組み始めたのではありません。「この仕事は面白そうだ。真剣に、真正面から取り組んでみよう」と、努力と情熱を注ぎ続けたからこそ、いつの間にか、その仕事を天職だと感じるようになったのです。

人は、投下してきた時間や努力の量が多ければ多いほど、その対象に情熱を感じるものです。習い事でもスポーツでも同じです。真剣に練習した日々を積み重ねるほど、「もっと上手くなりたい」「絶対に勝ちたい」と、さらに情熱を注ぐようになります。

ところで、キャリア構築の仕方には、大きく2種類あるといわれています。

ひとつは、目標を決めて、そこに向かって登っていくことを得意とする「山登り型」のキャリアを積むタイプの人。

もうひとつは、とにかく目の前の仕事に真剣に取り組むことで、新たな展開を切り開いていく「川下り型」のキャリアを行くタイプの人です。

「川下り型」タイプの人は、「やりたいことや夢を見つけなさい」という風潮を感じると、焦ってしまいます。しかし、焦る必要はありません。著名なキャリアカウンセラーであるジョン・クランボルツは、「計画的偶発性理論（プランド・ハップンスタンス・セオリー）」を提唱しました。クランボルツはいいます。

「キャリアの80％は思いがけない出来事で決まる」
「偶然の出会いこそが、人を成長させる」

やりたいことを探しすぎて、迷子になっていてはいけません。偶然の出会い、つまり、今あなたの目の前にある仕事に、まずは真剣に取り組んでみましょう。

ちなみにクランボルツは、偶然の出会いを活かすためには、以下のような秘訣があるといっています。

- 持続性……失敗しても諦めず、継続して努力する
- 好奇心……新しいことに興味を持ち、学び続ける
- 冒険心……結果がわからなくても、リスクを恐れず行動する
- 柔軟性……こだわらないで柔軟になる
- 楽観性……ポジティブに物事を考える

それでは次のセクションで、キャリアの悩みから抜け出せないタイプの人を、ケース別に紹介していきましょう。自分に似ているな、と感じるケースがあったら要注意です。

SECTION 06

ケースでみる「迷子」たち

ケース① 企業でなんとなく働き続けながら、漠然としたモヤモヤを抱えている人

私の「やりたいこと」は、この仕事なのだろうか……どこかにもっと自分に合う仕事があるのではないか……そう考えて、目の前の仕事に情熱が注げないAさん。目標が見えない、働きがいがないと、日々モヤモヤしている。真面目なので仕事に手を抜くことはなく、それなりの評価も受けているが、心が満足していない。会社の行き帰りに電車の中で転職サイトを眺め、もっといい仕事はないかと探してみるが、どれも決め手に欠け、実際に応募することはない。大きな不満があるわけではないけれど、自分の人生は、なんとなくこのまま過ぎていくのかな……と思うと、虚しい気持ちになることがある。

ケース②「やりたいこと」で転職を繰り返して、根無し草のようになっている人

「やりたいこと」もしくは「好きなこと」を仕事にするべきだと考え、「こんな仕事は俺のやりたいことではないかも」と思うと、すぐに転職をするBさん。入社当初は「今度こそ、この会社でやりたいことができる」と期待しているが、3か月もたつと、「こんなはずではなかった」という思いが胸に芽生えてくる。「やりたいこと」だけで成り立っている仕事などなく、「やりたくないこと」もセットでついてくるからである。入社前の情報収集不足で、そもそも自分の「やりたいこと」と、就いた仕事が、合っていなかったこともある。例えば「企画職だから、クリエイティブな仕事だろう」と思って入社したのに、実際にはマーケティングに近い仕事だったなど。20代の頃は、仕事が嫌になっても次の会社がすぐに見つかったが、30代半ばを過ぎてから、書類選考で落ちてしまうことも増えている。

ケース③ 与えられた目標を追い続けて、ある日バーンアウトする人

目標の意味を深く考えることなく、上司に認められること、同僚からの羨望を集めること、高い給料をもらうことを目的に、与えられた目標をがむしゃらに追い続けてきたCさん。石にかじりついてでも目標を達成することが、会社員である限り当然だし、自分の長所だと思ってやってきた。それなのに、何回目標を達成しても、幸福感を感じることはない。次の目標にまた追われる日々。しかし目標を達成すること以外に自分の価値が見いだせないCさんは、「もう疲れた」という自分の本音に蓋をしたまま、走り続けた。その結果、ある日突然、体と心が動かなくなってしまった。自分ひとりではベッドから起き上がれず、妻に付き添われて受診した病院で言い渡されたのは「うつ病」という診断名だった。

ケース④「やりたいこと」で安易に起業して、失敗してしまった人

「人生は一度だけ。やりたいことをやらなければ損をする」「少ない資金であなたも簡単に起業できる」「必要なのは勇気だけ」「終身雇用制度は今に崩壊する」「いつまでも人に雇われる人生でいいのか」そんな風潮に背中を押され、ちょうど会社に嫌気がさしていたこともあり、以前から興味のあった飲食店を開業したDさん。出している料理には自信があったが、立地が悪く、なかなか客足が伸びなかった。そんな中、COVID-19の流行が大きな打撃となり、店を続けられなくなってしまった。閉店後は借金が残り、慌てて次の仕事を探している。

ケース⑤「やりたいこと」を探し続け、情報を集めるだけ集めて、結局変わらない人

華々しく成功している起業家や、自伝を書くような社長やコンサルタントに憧れて、自分が成功できそうな分野を探しているEさん。成功している人のブログやツイッタ

ーをフォローしまくり、高額なセミナーに参加し、交流会では名刺をもらいまくり、憧れているタレントのオンラインサロンにも入会している。日々の仕事だけをこなしている同僚たちを見て、「意識が低いなぁ」と内心バカにしている。色々な成功者が言っていることに感銘を受け、勧められた習慣を真似したりしているのだが、現状は変わらない。でも、こんなに動いているのだから、いつかその時がくれば、なんらかの形でチャンスが舞い込み、自分も成功者の仲間入りができるだろうと思っている。

第1章まとめ

「やりたいこと」で起業するという選択肢には、色々な落とし穴があることを見てきました。「やりたいこと」を無理に探す必要もありません。

改めて言いましょう。「天職」はいわゆる「青い鳥」ではありません。この世のどこかに、あなたにぴったりの「天職」があって、あなたに見つけてもらえるのを待っている……そんなイメージは幻想です。素敵な恋人のように、出会うだけであなたを幸せにしてくれる仕事などありません。仕事を通じて人を幸せにすることができて、初めて、仕事の喜びや幸せを感じることができるのです。

取り組もうと決めた仕事を「天職」にできるかどうか、それはあなた次第なのです。

では具体的にどうすればいいのか。次の章からお伝えしていきます。

CHAPTER 02

「やりたいこと」ではなく、「上手くできること」をやろう

01 まずは「強み」に着目する

「やりたいこと」がない人はいる、でも「強み」がない人はいない

「強み」がない人はいない。そんなふうにいうと、「いやいや、自分には、人に自慢できるような強みなんてないよ」と思ってしまう人は、多いかもしれません。日本には謙遜を美徳とする文化がありますから、日本人は特に、自分の強みをアピールするのが苦手です。

カウンセリングをしていても、「自分にはいいところなんてない」「自分の性格が嫌い」「上手くできることがないわけではないが、自分よりもっと上手い人は山ほどいる」と、かたくなに自分の良さを認めない人が結構います。具体的な良いエピソードを聴いて、「あ、それは○○さんならではの、素晴らしいところですね」と指摘をして

も、「いいえ、大したことではありません」「こんな長所は、人から評価されるほどのものではありません」と、やはり自分を認めてくれないのです。

しかし、ここで断言しましょう。「強み」がない人なんていません。

なぜなら「強み」とは、あなたの特性・個性、つまり、人との「違い」だからです。

仮に、あなたが誰かのクローンだったとしても（つまり遺伝子情報は全く同じだったとしても）、生きる中で経験する出来事が違うので、全く同じ人間にはなりません。この世に、あなたと全く同じ人間はいないのです。つまり、「強み」がない人間はいない、ということになります。

「いやいや、確かに人とは違うところがあるかもしれないが、それは弱みや短所であって、強みではない。自分は人より劣っているから……」と、またまた謙虚に考えてしまう人がいるかもしれません。

しかし「強み」の反対は「弱み」ではないんです。

あなたがずっと弱みだと思っていたことは、裏を返せば強みになります。むしろ、目立つ弱みほど、目立つ強みになりうるのです。

子どもの頃からよく親に叱られていた人は、どのようなことで叱られたでしょうか。

「じっとしていなさい」だったのであれば、あなたは「よく動くことができる」という強みを持っています。

「もっとテキパキ動きなさい」だったのであれば、あなたは「丁寧に動くことができる」という強みを持っています。

「もっとお友だちとたくさん遊びなさい」だったのであれば、あなたは「一人でいることができる」という強みを持っています。

「もっとちゃんとしなさい」だったのであれば、あなたは「おおらかでいられる」という強みを持っています。

人より劣っている……という評価しか自分に下せていないのであれば、それは単に、あなたの強みを活かす場面がなかっただけです。強みを強みとして見てもらえる場面がなかっただけです。

もし「おまえは人より劣っている」ということを誰かに言われ、それを信じているのであれば、その信念は今すぐ捨ててください。あなたにそのような評価を下す権利は、誰にもないのです。それが親であっても。上司であっても。先生であっても。かたくなに自分を認めない人に共通するものは、「かつて、認めてほしい人から認めてもらえなかった」という哀しみであるような気がします。

でも、誰が認めようと認めなかろうと、あなたはあなたです。あなただけの強みが必ずあります。まずはそれを信じてみてください。

そして、「やりたいこと」起点ではなく、「上手くできること」起点で、今後の仕事を考えていくのです。

SECTION 02

「強み」とは何か

先天的な強み

自分には特別な強みなんてない、と思い込んでいる人は、強みを「人より優れた才能や能力」とイメージしているのではないでしょうか。

確かに強みには「先天的な強み」＝「才能」という側面があります。ただ、先天的な強み・才能を活かして仕事ができるのは、限られた人間です。スポーツ選手や芸術家やミュージシャンなどは、才能を活かして活躍できる典型的な職業でしょう。

ある能力や知能がずば抜けて高く、政治家や大企業の社長、医者や弁護士といった一般的にステイタスが高いとされる職業に就いて、成功する人たちもいます。

ただ、このように生まれ持った才能・能力・知能の高さを存分に活かして成功し、キャリアについて悩みがない人々は、本書の対象ではありません。そもそも本書を手に取っていないだろうと思います。

また、才能については、後天的に伸ばすことに限界があります。練習や経験を重ねれば、もちろんある程度は上手くなります。ですが、圧倒的な才能を持つ人の仕事ぶりを見てしまうと、敗北感を抱くことになるでしょう。

例えばモーツァルトは、自分がこれから作曲することになる交響曲が「天から一瞬にして降りてきた」といいます。モーツァルトの魂が「一瞬にして」把握した音楽を、人にわかるように表現すると、20分間の交響曲になるというわけです。

そんな天才たちと比較してしまうと、どうしても「自分には特別な強みなんてない」という結論になってしまいます。ですから、先天的な強み・才能の多寡だけで、結論を出さないでくださいね。

性格的な強み

もうひとつの強みに「後天的な強み」＝「性格的な強み」があります。この「性格的な強み」こそ、本書で一番あなたに伝えたい強みです。

「あれっ？　性格って、生まれつきのものなんじゃないの？」と、疑問に思われた人もいるかもしれません。確かに、性格の基礎になっている「気質」といわれるものは、先天的なもの、あるいは遺伝的なものだといえます。ですから、「気質」は変えづらいと考えていいでしょう。

一方、「性格」といわれるものは、人生の中で出会う体験・文化・環境などの影響を受けて、だんだんと形成されていくものです。生まれ持った「気質」に、人生経験がベールのように何枚も何枚も加わって、「性格」が形作られていくようなイメージです。

そして、誰でも固有の「性格的な強み」を持っています。あなたオリジナルの特性といってもいいでしょう。

オギャーと生まれてから今この瞬間まで、あなたの人生経験が作り上げた、あなたオリジナルの思考の特徴、行動の特徴が「性格的な強み」なのです。思考特性・行動特性という言い方もします。

先ほども言いました通り、あなたと同じ人生を歩んでいる人はいませんから、人との「違い」こそが「性格の強み」だといえます。

何かを目の前にしたときに、「どのように」それに向き合うか、「どのように」考え、「どのように」行動するか……同じ出来事、同じ仕事であっても、人それぞれ違うものです。ただ、あなたにとって、自分の考え方や行動は当たり前になりすぎています。当たり前すぎて、それを自分の特性だと気づきにくいのです。

例えば、道を歩いていたら、前を歩く人がいきなりバタリと倒れたとしましょう。

あなたは咄嗟にどう考え、どう行動しますか?

「自分が助けなくては」と考え、駆け寄っていって、声をかけるという人もいるでしょう。

「できるだけ早く医者に」と考え、すぐに電話を取り出し、119番で救急車を呼ぶという人もいるでしょう。

「この非常事態を誰かと分かち合いたい」と考え、周りの人と顔を見合わせ「どうしたんでしょうね」と言い合う人もいるでしょう。

「助かる確率を上げなくては」と考え、周囲のお店に駆け込み、ＡＥＤを探し始めるという人もいるでしょう。

「心配だけど、自分の用事が優先だ」と考え、関わり合いにはならずに通り過ぎるという人もいるでしょう。

このように、目の前で同じ出来事が起きても、咄嗟に湧き上がる考えと行動は、人によって違うのです。


また、私たちの脳は可塑性があります。どういうことかというと、よく使う思考回路はどんどん道が太くなっていく、ということです。何か判断しなければならない場面に出くわしたとき、私たちは咄嗟に、よく使う思考回路を使って判断をくだします。馬車が、いつも通る轍に嵌まるのと同じように、容易にその思考回路に嵌まりやすくなっています。通りにくい道に、わざわざ車輪を移動しようとはしません。そのため、あまり使わない思考回路は道が細くなり、ますます使わなくなるのです。

損得で物事を判断しがちな人は、何か起きたとき、やはり損得で判断します。

いつも人の気持ちを慮る人は、何か起きたとき、やはり人の気持ちを一番に考えて判断します。

客観的事実を観察しようとする人は、何か起きたとき、やはり客観的事実を把握してから判断しようとします。

いつも数値に基づいて物事を考え判断する人が、何のきっかけもなく、ある日突然、人の感情を優先して物事を判断するようにはならない、ということです。

職場においても、何かにつけて「ああ、あの人らしいよね～」とみんなから言われるような振る舞いが、日々行われていると思います。

「そんなこと言うなんて、あの人らしいよね」
「そんな方法で上手くいくのは、あの人らしいよね」
「そんなふうに判断するのは、あの人らしいよね」

この「あの人らしさ」が、「性格の強み」だと捉えていいでしょう。

さて、ここで「でも、意地悪な性格な人の場合、「あの人らしさ」って、悪い「らしさ」じゃないのかな。「あの人らしさ」が、「性格の強み」とはいえない人も、いるんじゃないのかな……」という疑問がわいてくるかと思います。

ポジティブ心理学の祖であるマーティン・セリグマンによると、それが「性格的な強み」といえるかは、以下のような基準によって判断することができるといいます。

- 強みは人類がその歴史の中で「美徳」としてきた種類のものである。
- 強みは「性格の特徴」であり、一時的なものではない。
- 強みには文化や国や時代を越えた「普遍的な価値」がある。
- 強みは「それ自体が正当なもの」である。
- 強みは「他者から良い評価を受けるもの」である。
- 強みは「学習可能」である。

- 強みは「人によって様々な形で発揮されるもの」である。
- 強みは「世界中のいたるところに存在しているもの」である。
- 強みは「すべての人が持つポジティブな特性」である。

文化や国や時代の垣根を越えて普遍的な価値があり、他者から良い評価を受ける類のものということですから、意地悪な特性については、性格の強みにあたらないだろう、と思うかもしれません。もちろん、人間は、美徳とはいえない特性も持っています。

ただ、注意していただきたいのは、あなたにとって一見「意地悪」に見えるその人の特性が、本当にネガティブな意味合いだけを持つのか、ということです。会社の全体最適のために、あえて個人にとっては非情に思える決断をしているのかもしれません。あなたの成長を願って、あえて厳しい指導をしているのかもしれません。単にあなたとは特性のタイプが正反対なだけかもしれません。

あなたオリジナルの性格の強みがあるということは、一人ひとり、違う強みがあるということです。人の数だけ強みがあるのだとすれば、その中には、一見してわかりづらい強みもあるでしょう。性格の強みは、それだけ「深み」があるということです。

また、性格の特性そのものに「良い特性」と「悪い特性」があるというよりも、特性を良いことに使うか、悪いことに使うかという違いがある、というほうが正確です。

例えば「効率を重視する」という特性があったとして、それを「できるだけ無駄のないシステムを構築する」という方向性で発揮するのか、「守るべき基準を無視して手を抜く」という方向性で発揮するのかによって、結果は大きく変わります。

それでは、あなたにとって、「性格の強み」とは、どのようなものなのでしょうか。あなたが「性格の強み」を発揮できているとき、どのような感覚になるのかを挙げてみましょう。

- 自分らしくいられているという感覚がある。
- 没頭感がある。

- 使えば使うほどエネルギーが湧いてくる感じがする。
- 元気になる。
- これからもこの特性をどんどん活かしたいと思える。
- その特性を使えることに感謝の気持ちが湧いてくる。
- 人から「あなたって、○○が強いよね」と言われると、素直に嬉しい。

ポジティブ心理学の研究では、自分の「性格の強み」を活かすように意識しながら生きると、ポジティブ感情が上がることが、繰り返し報告されています。

一方、周囲から期待されたり、推薦されてその役割を果たすことが多いけれど（リーダー役や盛り上げ役やいじられ役など）、やっていても自分は元気にならない、いつも嫌々引き受けているという場合、それは「性格の強み」にはあたりません。皆が喜ぶので、結果的に自分も嬉しい気持ちになったとしても、それは違います。

ちなみに、この「性格の強み」を、変えることはできるのでしょうか。

例えば、もともと「協調性」という特性を強くもっていて、「リーダーシップ」という特性は弱い人が、仕事上の必要に迫られて、「リーダーシップ」の特性をなんとしても上げていきたい、と思ったとき、それは可能なのでしょうか。

ポジティブ心理学では、それは「可能である」と断言しています。十分な時間と、努力、そして意志と決断があれば、自発的に強みを身に着けていくことができるとしています。

現在の性格的な強み・特性とは、現在太くなっている思考回路のことです。もし、別の思考回路を太くしたいと思ったら、意識的に訓練すれば可能なのです。

性格は変えられるのか。この問いを投げかけられたとき、私がいつも思い浮かべるのは、「クリスマス・キャロル」の物語です。主人公のスクルージは、クリスマスのたった一晩で、全く別人のように生まれ変わります。優しい人間になろうと心に決めれば、優しい人間になれるのです。大きなきっかけと、強い意志があれば。

経験的な強み

経験的な強みとは、ここでは知識やスキルを指します。

一生懸命に勉強して頭に入れている知識、仕事を通じて身に着けたスキル、こういったものは、土台となる「先天的な強み」や「性格的な強み」にプラスされていくものです。ロールプレイングゲームのステージをクリアしていくごとに、より強い武器や装備が得られて、さらに強くなっていくようなイメージですね。つまり、努力次第で後からいくらでも身に着けられる、オプションアイテムのようなものだといえます。

ただ、多くの人は、キャリア構築のために必要なものは、この知識やスキルだと考えています。そのため、やみくもに資格取得に走ったり、自分が今持っているスキルの延長線上で仕事内容を考えてしまう傾向があります。

それは決して悪いことではないのですが、思考の範囲が限定的になってしまう恐れがあります。性格的な強みを活かすことができれば、これまで経験のない職種でも活躍できる可能性が十分にありますから、今あるスキルを前提にして仕事の選択肢を狭めてしまう必要はありません。
また、資格というものは、取っただけでは食べていけません。取っただけで満足してしまうと、多少肩書に拍がつくくらいで、何も変わらないのです。資格を取る過程で身に着けた知識やスキルを、現場で実際に活かせるよう、継続的な努力や戦略が必要です。その段になると、やはり、性格的な強みを活かしたほうが上手く進みます。

まずは先天的な強みの見極め、
そして性格的な強みの自覚、
その次に経験的な強みでの武装……という順番で考えてみてください。

繰り返しますが、知識やスキルは、必要に応じて、後からいくらでも身に着けていくことができます。そして、努力し続ける限り、いつまでも伸びていく強みでもあります。

SECTION 03

なぜ「強み」を活かすべきなのか

「強み」を仕事に活かすと、加速度的に成果が出る

自分の「強み」を知ると、正しい方向で努力することができるようになります。適切な努力が最大限の効果に繋がり、仕事で成果を高めたり、充足感を得ることができるようになるのです。

苦手なことや嫌いなことを克服しようと努力するよりも、強みを伸ばそうとするほうが、ずっと効率的です。学生時代は、苦手な教科があると、克服せよ、なんとか平均点くらいは取れるように努力せよと言われてきた人が多いかと思います。ですが、社会に出たあなたは、もともと得意で、人より簡単に点数がとれるものを、もっと卓越したレベルにまで伸ばそうという努力をすべきなのです。

ここで、強みに関する有名な実験を紹介しましょう。1000人以上の学生を対象に、3年間速読の訓練をするという実験です。彼らは2つのグループに分けられました。Aグループは、1分間に平均90文字読めた人たち。Bグループは、1分間に平均350文字読めた人たちです。両方に同じ速読訓練を受けさせた結果、Aグループは、1分間に平均150文字読めるようになりました。一方Bグループは、1分間に平均2900文字も読めるようになっていたのです。

同じ投資をするなら、もともと得意なことに投資をするほうが、何倍も成果が上がるということがよくわかりますね。

あなたの利き手が右手だとしましょう。「弱みを克服しよう」というアプローチは、いわば、左手でなんとか「人並み程度に上手な字」を書こうと、長い時間をかけて努力するようなものです。

「強みを知って強みを武器にする」ということは、もともとスムーズに書けていた右手を、さらに鍛錬して、「エクセレントな字」を書けるようにする、ということです。

利き手を使いましょう。利き手をどんどん鍛錬しましょう。

その先にあるのは、あなたにしかできない卓越した仕事、エクセレントな成果です。無個性な丸いオールラウンダーを目指すよりも、「強み」が尖っている星、そう、スターのような存在を目指しましょう。

強みを活かそうというのは、努力がいらないという話ではありません。「強みがあるのだから、あなたはそのままでいいんだよ」とは、言いません。まずは自分の強みに気づくことが大切ですが、気づいたあとは、その強みを、他者から見て希少価値があると認められるレベルにまで卓越させなければなりません。要は実践です。実践して実践して、発揮しなければ、どんな強みも宝の持ち腐れです。どんな強みを持っていても、その努力を怠ることはできないのです。

どんな「強み」も、活かせる場面がある

少し極端な言い方に聞こえるかもしれませんが、どのような職種に就いたとしても、あなたの「強み」を活かせるのであれば、成果は出せると私は断言します。

例えば、「自分は人見知りだし、外交的でないし、押しも弱いから、営業という職種は絶対に向かないだろう」と考えていたＦさんという人がいたとします。ところがＦさんは、就職活動をした結果、営業職しか内定が出ずに、仕方なく営業職に就きます。自信がなく、気落ちするＦさんでしたが、その職場は、「自分のやり方で成果を上げてくれればよい」と、営業のやり方を強制しない風土でした。「Ｆさんらしいやり方を模索してごらん」と上司に励まされたＦさんは、自分の性格を活かした営業方法を試してみることにしました。Ｆさんの強みのひとつは、しっかり前準備をして物事に臨むところでした。人見知りなので、初対面の人とは、気軽に雑談などできません。その代わりに考えたのが、自分のことを面白く紹介するオリジナルの名刺でした。お客様は興味を持ち、向こうからＦさんについて、色々と尋ねてくれます。それに誠実に答えるうちに、お客様はだんだんと、Ｆさんのことをわかってくれます。内向的で押しも弱いので、自分から一方的に提案を押し付けたりはしません。その代わり、お客様の話をしっかり聴いて、会社に帰ってから的確でわかりやすい提案書を作成することができます。そんなＦさんらしいやり方を続けているうちに、Ｆさんは着実に営業成績が上げられるようになりました。成果が上がるようになると、周りに「貴重な人財」として認められ始めます。周囲からアドバイスを求められるようになったりして、Fさんはいつのまにか、営業という仕事が好きになっていました。今は、自分なりのやり方で、もっと営業という仕事を突き詰めていこう、という気持ちになっています。

いかがでしょうか。こんなFさんの事例からわかるのは、職種そのものに向き不向きがあるというよりも、自分の強みを活かせるかどうかが大切だということですね。

もちろん、職種によっては自分なりの工夫の余地がない仕事もあります。工夫の余地はあるのに、それを許してくれない職場もあります。だからこそ、自分の性格の強みを明確に自覚し、それを活かせる仕事かどうかを、しっかりと吟味する必要があるのです。

お互いの「強み」に目を向けると、チーム力が上がる

自分の強みだけでなく、周りの人々の強みにも着目すると、どんなことが起きるで

しょうか。

自分とはタイプが違う同僚や上司の仕事ぶりを見ていると、イライラすることがありませんか。例えば、楽観的で「とにかくやってみよう、やりながら考えよう」というタイプのAさんと、慎重派で「まずリスクを洗い出そう。起こりうるリスクをヘッジしてから一歩を踏み出そう」というタイプのBさんが、同じプロジェクトにいたとします。Aさんは Bさんに「何かやろうとしてもすぐにブレーキかけてきて、テンション下がるわ〜」とイライラするし、Bさんは Aさんに「無計画に突っ走ってばかり、ちょっとはモノを考えてくれよ」とイライラすると思います。ことあるごとに衝突して、プロジェクトチームの雰囲気がピリピリするかもしれませんね。

しかし、お互いが違うタイプであることを明確に認識し、自分との「違い」こそがその人の「強み」であると気づいた場合はどうでしょう。

相手への見方が変わります。聴く耳を持てるようになります。自分とは違う判断や振る舞いを、受け入れられるようになります。

Aさんは「Bさんがいつも慎重に待ったをかけてくれるからこそ、お客様に間違いのない、品質の良いものをご提供できるんだな」と理解し、Bさんは「Aさんの推進力やパワーがあるからこそ、多少困難なことがあっても、プロジェクトが前に進むんだな」と理解できるようになります。自分にない部分を補ってくれる存在として、むしろありがたく思えるようになります。こうなると、反対のタイプの同僚は、最高のバディになりえますね。

同僚や上司の仕事ぶりを見て、イラッとしたら……つまり「自分だったらこうするのに！」という強い思いが湧き上がってきたら、それは、あなたの「強み」が騒いでいるのです。あなたの特性を自覚するチャンスです。自分とは違う相手がいるからこそ、自分の特性に気づくことができるのです。そう考えると、自分とは違う人間が周囲にいてくれるのは、ありがたいことですね。

あの人は推進力抜群、あの人は頼れるムードメーカー、あの人は温かいみんなの相談役、あの人は調査と分析の鬼、あの人は資料作成のセンスピカイチ……というように、お互いの強みを認め合い、強みを「掛け算」しているチームは、間違いなく成果が上がります。何より、信頼関係がベースにありますから、働いていて楽しいのです。

SECTION

04 答えは自分の中にある

「本当に、誰にでも固有の強みがあるのだったら、私の強みって何だろうな……」と思ったあなたへ。答えはあなたの中にあります。

現在の自分を知ることの意味

生きていくというのは、選択の連続です。今日はどの服を着ようか、どの道で帰ろうか、寝る前に勉強をしようかネットを見ようか……そんな日常のささいな選択から、起業しようかどうしようかというような人生の岐路となる選択まで、私たちは選択を繰り返しながら生きています。

選択には、正しいも間違いもありません。というより、正しさなんて、誰にも判断できません。その選択がどういう未来に繋がるかなんて、誰にも予測できないからです。

ただ、どんな選択をしてきたにせよ、最終的にその選択をしたのは自分だ、という自覚は持ちましょう。誰かに従ってその選択をしたのだとしても、その人に従うと決めたのは自分です。

言い換えれば、あなたには選択する自由があります。これからの未来は、あなたの選択によって創っていくことができます。ですから、大事な選択については、できるだけ「自分の内側からの声」に従ってほしいのです。未来は予測できなくても、あなたの心が、そのとき納得する選択をしてほしいと思います。

さて、現在のあなたを見てみましょう。現在のあなたは、これまでの選択の積み重ねが体現された存在といえます。あなたは、あなたが選択した通りの人間になっています。

そこで、現在のあなたが、どの程度自分の「強み」を活かせているのか、確認をしていきましょう。

現在やっている仕事のうち、「楽しめていること」や「やりがいを感じていること」は、どのくらいあるか。

逆に「どうしてもやりたくないこと」や「やればやるほどテンションが下がること」があれば、それは強みと反対のことをやっている可能性が高いです。

もし、現在の自分に満足していないのなら、その理由を深く掘り下げていくことも有効です。

また、現在の人間関係を整理することも重要です。人間関係の問題は、あなたの感情を最も揺さぶるものです。人間関係の問題を置き去りにしたまま、大きな決断をすることはお勧めできません。

現在の体と心の調子も確認してみましょう。「強み」を抑えられ、無理して働いていれば、心身は必ずSOSのサインを出しているはずです。鶏と卵のようですが、余り良くない生活習慣を送っているために、体と心の調子が乱れ、「強み」を活かそう・活かしたいと思う元気がないのかもしれません。生活を整え、心身の調子を整えることは、すべての土台ですから、現在のあなたの元気度もチェックする必要があります。

なんだかモヤモヤしている人、理由もなく不安な人は、自分の現在位置が確認できるだけでも、ずいぶん気持ちが安定します。

過去の自分を知ることの意味

本当の自分を知る手がかりは、過去の中にたくさん隠れています。過去のエピソードの中に、あなたが本当に好きなものや、あなたの特性が隠されています。

子どもの頃は、どんなことが好きだったでしょう。どんな子だと言われていたでしょう。

時間を忘れてしまうほど没頭できたのは、どんなときだったでしょう。

どんな本や漫画が好きだったでしょう。

どんな人を尊敬して、憧れてきたでしょうか。

記憶の砂の中に埋もれている本来のあなたを、見つけにいきましょう。

また、成功体験の中に、あなたのユニークさ、つまり「強み」が隠されています。

複数の成功体験について、「なぜあのとき成功したんだろう」ということを突き詰めて考えてみると、あなたなりの「成功の法則」が見えてくるはずです。「どのように」成功したか、という部分に再現性があるはずなのです。

振り返る成功体験は、ささいなことでかまいません。世間から賞賛されるような大成功でなくても、「あれは自分らしかったな」「自分では満足だったな」「自分としては充実感があったな」という感覚の体験でいいのです。

反対に、失敗や挫折から立ち直った経験の中にも、あなたの「強み」は隠されています。苦しみから必死で這い上がった分、より「あなたらしさ」が出ていることでしょう。やはり「どのように」立ち直ったのか、というところに「あなたらしさ」がにじみ出ているはずです。

現在、過去、未来はストーリーで繋がっている

私は、ひとりの人の人生を、ひとつの物語、ストーリーであると捉えています。

あなたは、「あなたの人生」というストーリーの主人公です。

映画や本の主人公を、誰か思い浮かべてみてください。主人公というものは、最初は旅に出る勇気が持てなかったり、旅の途中で自分を見失ったり、誰かの裏切りに傷ついたり、困難にぶち当たったり、失敗したり、道に迷ったりするものです。主人公というものは、ストーリーのさなかにいるときには、自分の立ち位置がわからず、進むべき道が見えず、苦しむものなのです。

主人公は苦しみますが、やがて、仲間や指導者の力を借りて困難を乗り越え、自分の使命に気づき、最後には自分だけのゴールにたどり着きます。それが、主人公というものだからです。

では、あなたのストーリーは、今、どんな局面にあるのでしょう。

あなたの過去、現在、そして未来は、独立して存在しているのではありません。生まれた瞬間から、今この時まで、そしてこの先の未来に向かって、あなたの人生はストーリーとして繋がっています。

もしかしたら、「もうダメだ」と絶望した瞬間があったかもしれません。自分には重すぎる役割だと、すべてを投げ出したくなる時があったかもしれません。そして今も、確かな道など見えず、霧の中で立ち尽くしているのかもしれません。

でも、大丈夫です。まだ旅の途中だから。旅を続けていれば、きっと見えてくるものがあります。

ナラティブ・アプローチという心理療法では、語られるストーリーによって、その人を捉えなおすという方法をとります。「かわいそうで、不幸な私」というドミナント・ストーリー（思い込みの物語）の中から、例外的な部分（不幸でなかった部分）を発見していき、「新しい私」というオルタナティブ・ストーリー（代替えの物語）を一緒に創っていくという方法です。

過去の「出来事」は変わりませんが、その経験をどういうストーリーだと捉えるのかは、変えることができます。出来事をどう意味づけるのかは、あなたが決められます。

過去に、何かつらい出来事があったとします。「あんなことがあって、かわいそうで、不幸な私」というストーリーを生きるのか、「あんなことがあったからこそ、○○という使命に気づいた私」というストーリーを生きるのか、それは、主人公であるあなたが、選ぶことができるのです。

もしあなたが今の自分に満足していないのであれば、ストーリーを捉えなおすことができます。過去と現在のストーリーを捉えなおすことで、未来のストーリーもまた、変わっていきます。

ストーリーにはいつだってテーマがある

映画や本のストーリーには、テーマがありますよね。面白いストーリーには、必ずテーマがあります。

「主人公がどうなりたいか」というのがストーリーの内容そのものだとしたら、テーマというのは「主人公はどうありたいか」ということです。「私はこうありたいから➡このストーリーを生きるのだ」という関係性になります。テーマがあるからこそ、ストーリーが展開していくのです。

あなたの人生においても同じです。「私はどうありたいか」というテーマが、あなたの核になり、人生を展開させていきます。「何のために生きるのか」と言い換えてもいいでしょう。あなたが人生において、価値をおいているものは何でしょうか。

ただ、そう聞かれても、簡単には答えられないことと思います。面白いストーリーほどテーマがわかりにくいように、あなたの人生というストーリーにおいても、テーマは深いところに隠れています。

『夜と霧』で有名なヴィクトール・フランクルは言いました。

人生から何をわれわれはまだ期待できるかが問題なのではなくて、むしろ人生が何をわれわれから期待しているかが問題なのである。われわれが人生の意味を問うのではなくて、われわれ自身が問われた者として体験されるのである。人生というのは結局、人生の意味の問題に正しく答えること、人生が各人に課する使命を果たすこと、日々の務めを行うことに対する責任を担うことに他ならないのであるいささかスピリチュアルに聞こえるかも知れませんが、人間はひとりひとり、何かしらのテーマを持って生まれてきていると考えてみたらどうでしょう。

もしかしたら、こんなに難しいことが自分のテーマのはずはない、と逃げたくなるかもしれません。でもそれは、生まれる前にあなたが選んだ、もしくは神さまがあなたにこのテーマを生きてもらいたいと選んだ、あなただけのテーマなのです。

ですから、逃げても逃げても、人生のテーマはあきらめずにあなたを追ってくるでしょう。何不自由なく暮らしているように見えても、人生のテーマをほったらかしにしていると、心のどこかに「やり残したことがある」という思いがくすぶっています。それが、あなたの胸の中の「モヤモヤ」の正体です。

自分の心の声に正直に従い、人生のテーマを勇気を持って受け入れて初めて、人生に満足することができるのです。

第2章まとめ

「強み」の種類や、「強み」とは何かということ、また、「強み」を活かしていくことのメリットを、おわかりいただけたと思います。

そして、過去、現在、未来というストーリーのなかに、あなたの「強み」や「人生のテーマ」が隠れていることをお伝えしました。

では、ここからは、それを具体的に探していきましょう。

CHAPTER 03

現在の自分を見つめ直す

～あなたは今、どんなストーリーの中にいますか～

SECTION

01 いったん立ち止まることの意味

起業という選択肢をすでに見据えているあなたにとって、本章の「現在の自分を見つめ直す」という作業は、もどかしい感じがするかもしれません。私自身も、思い立ったらすぐ行動に移したいタイプなので、その焦る気持ちはよくわかります。

でも、第2章でお伝えしましたとおり、現在の自分を知ることには意味があります。今現在の自分をより良く変えたいからこそ、起業を考えているのだと思いますが、今目の前にある状況が、ストーリーの主人公として乗り越えるべき試練なのか、抜け出すべき隘路なのか、いったん、冷静に考えてみましょう。

いったん立ち止まって、周りをゆっくり見回すことで、起業することが本当にあなたの強みを発揮できる一番の選択肢なのかを、見極めてみてください。

SECTION 02

仕事内容・職場環境を見つめ直す

どうして今の仕事を選んだのか

まずは、今所属している会社への思いというものを、改めて確認しておきましょう。

あなたは、今の会社に、どうして入社したのですか？　ここしか内定が出なかったので……という場合もあるかもしれませんが、応募したからには、何かしら惹かれるものがあったのでしょう。

もし、入社前に色々調べて、希望して入った会社であれば、会社のどういうところに惹かれたのか、どんな理念に共感したのか、どんな仕事ができると思って希望したのか、初心を思い出してみてください。

今、その初心は満たされた状態でしょうか。

私は前職で長く採用担当をしていました。採用した新人さんたちの様子は、入社後も、いつも気にかけていました。入社時には、目をキラキラさせながら志望動機を語っていた彼らですが、入社後3年もたつと、日々の忙しさや、どこの会社にでもある「足りない部分」への不満に、気持ちが押し流されてしまうようでした。初心を持ち続けるというのは、難しいことですよね。

人間の動機には、「外発的動機」と「内発的動機」があるといわれています。昇給や福利厚生や上司から褒められることは、外からやってくるもの、つまり「外発的動機づけ」です。ご褒美を与えるから頑張れ、という意味合いのものですね。

一方で、この会社でこういう仕事をやってみたい、あのお客様にこんなふうに喜んでもらいたい、この仕事のこんなところが好きだ、というように、自分の内側からやってくるもの、それが「内発的動機づけ」です。内側から湧き上がるモチベーションですね。

就職活動をする学生は、面接のときに、「御社は給料が高そうなので」とは決して言いません。「御社の経営理念に共感しまして……」などと、一生懸命「内発的動機」に基づく志望動機を語ってくれます。でも、もしかしたら、実際には、給料や福利厚生や制度などの「外発的動機」に紐づくものを重視しているのかもしれません。それで、入社後しばらくすると、「あれ、なんだかモチベーションが上がらないな……」という事態に陥ってしまうわけです。

ただ、かつて面接官に対して懸命に語った「内発的動機」が、一部でも本当だったならば、そして、その思いが少しでもあなたの心の中に残っているのであれば、会社の何に共感していたのか、今一度思い出してみましょう。

会社の中に、まだ好きな部分を見つけられますか?
かつて共感していた理念に貢献できる余地が、まだ残っていますか?

かつての私もそうでしたし、カウンセリングをしていても多いのは、「仕事自体は今でも好きです。でも人間関係がとにかくつらくて……」というケースです。仕事のステップアップ目的で辞めようとしている人は、比較的淡々として迷いもないようですが、「もう耐えられません！　絶対に辞めてやります‼」と感情的になっている人は、人間関係で何かつらいことがある場合が多いです。

感情的になって、発作的に辞めてしまって、落ち着いてから「あの仕事自体は好きだったのにな……」「あの会社の理念には今でも共感しているのにな……」と、後悔するのは避けたいですよね。会社の人間関係は、基本的には流動的なものです。それだけが辞める理由なのであれば、どうにかならないものか、試してみてから決めてもいいと思います。上司のパワーハラスメントが耐え難いのであれば、人事部に訴えてみるという手があります。どうしても嫌いな同僚も、相手が先に辞めるかもしれないし、異動するかもしれません。活気がなくビジネスライクな職場の雰囲気が息苦しいのであれば、あなたがそれを変えるという選択肢だってあります。色々試してみて、やはり「ダメだ、こりゃ」という結論になったときに、辞めても遅くはありません。

ただ、残念なことに、一刻も早く辞めたほうが身のためだ、という職場も存在します。いわゆる「ブラック企業」と言われる会社です。以下のような実態があるならば、うつ病になったり体を壊してしまう前に、さっさとおさらばしてください。

- サービス残業が当たり前で、実質、労働基準法なんて守る気がない。
- 長時間労働で社員がどんどんうつ病で倒れているのに、うつ病になるのは弱いやつだ、という価値観である。
- パワーハラスメントやセクシャルハラスメントが横行しているのに、人事部門や部長以上の層が問題視していない。
- 同僚同士助け合うことが全くなく、上司も助けてくれず、孤立無援である。
- 社長や役員の個人的感情によるひいきや不公平が当たり前である。

学習、余暇、愛情とのバランスはどうか

アメリカにおけるキャリア・カウンセリングの発展に大きく貢献したサニー・ハンセンは、「4L理論」というキャリア理論を提唱しました。

人生の4つの要素（4L）＝仕事（Labor）・学習（Learning）・余暇（Leisure）・愛（Love）、この4つの要素がうまく組み合わさってこそ、意味ある全体になるとし

たのです。

今のあなたの生活を振り返って、「4L」のコンディションを1~5の5段階で評価してみてください。主には、時間をどのくらい使えているか、という観点でよいでしょう。


さて、いかがでしたでしょうか。極端に低い項目はありませんでしたか。

今よりさらに成長したり、仕事の質を上げたりするために、定期的に学習をする時間がとれていますか。

純粋な楽しみや趣味のための時間、ただゆっくりする時間を、どれくらいとれていますか。

家族や恋人や友人など、大切にしたい人に、大切に思っていることが伝わるだけの時間を使えていますか。

仕事が忙しすぎるという理由で、あまりにも「4L」のバランスが悪いようなら、バランスを回復するような変革が必要かもしれません。

命に限りがある以上、「時間を使う」ということは、「命を使う」ということと同義です。

あなたは自分の命を、どんなバランスで、何に使っているでしょう。今一度、振り返ってみてください。

ただ生活していくために、面白くもない、意味もないと感じる仕事に、大半の命を使ってしまっていませんか。本当は大切な人を大切にしたいのに、その時間を犠牲にして、義務ばかりに命を使っていませんか。

大切な人との生活を守るため……という目的で一生懸命働いていたのに、いつの間にか本末転倒して、目の前の大切な人が寂しがっていることに、目をつぶってしまっていないでしょうか。

私にも経験があります。どうしても残業続きになってしまい、幼い子どもとの時間が十分に取れなくて、「なんのために働いているんだろう」と、泣けて泣けて仕方がなかった夜もありました。

これからのキャリアを考えるにあたって、人からどう思われようと、自分が納得できる「4L」のバランスを意識しておくことが大切です。そうしないと、いずれ、自分の心のバランスが崩れてしまうからです。

今の仕事や職場はあなたを元気にするか

すでにお伝えした通り、自分の強みを活かしていると、どんどん元気になります。あなたはいくつもの仕事をこなしているでしょうから、中には苦手なこと、嫌な仕事もあると思います。でも数ある仕事の中に、あなたを元気にしてくれるものはあるでしょうか。

私の場合ですと、誰かを管理したり、誰かに管理されるための仕事は、苦手感があります。一方で、お客様と率直に話ができて、お困りごとの相談に乗ることができたな、という時は元気になります。

これは、私の「性格の強み」や「行動特性」を調べてみると、「規律性」の順位は低く、「親密性」や「愛情」の順位が高いからだといえます。

職種そのものというよりも、あなたの得意なやり方で仕事をこなせているかが重要です。先ほど「お客様と話ができると元気になる」と言いましたが、同じ「お客様と話ができる仕事」でも、話し方を厳しく指導され、トークスクリプトがすでに決まっているような職場であれば、私はきっと、元気がなくなっていくと思います。

今の仕事や職場への気持ちを、いったん整理してみましょう。

①元気になる仕事、楽しく取り組める仕事、やりがいを感じられる仕事
②元気がなくなってしまう仕事、苦手な仕事、意味を感じられない仕事

①と②のバランスはどうでしょうか。
①が少しでもあるのであれば、それはどんな部分でしょうか。
②を考えたとき、そう感じてしまうのは、どうしてなのでしょうか。
それぞれ、掘り下げて考えてみてください。

おそらく、あなたの「性格の強み」や「行動特性」と合致している仕事では元気になるし、合致していない仕事では元気がなくなってしまうということに気づくと思います。

①が余りにも少なく、②がほとんどなのであれば、やはり何かを変える必要があります。

あなたが仕事で強みを活かせるか、というのは、あなたが所属する職場のあり方に大きく影響されます。

社員の強みを活かそうとする職場は、以下のような特徴があります。

- 基本的に社員を信頼している。
- 社員の個性を尊重している。
- 社員ひとりひとりが工夫・創造することを許容している。
- 社員のアイデアや提案に耳を傾けようとしている。

- やり方を任せてくれる、裁量権を持たせてくれる。
- 強みを活かして達成したり成長したりすることを、お互いに喜び合う雰囲気がある。

今の職場は、あなたの強みを活かそうとしてくれるか、現に今活かせているか、再評価してみてください。

職場において、影響力が大きい人物は、上司ですよね。上司のスタンスによって、仕事のやりやすさややりがいは、かなり変わります。

仕事にあなたを合わせようとする上司と、あなたに仕事を合わせてくれようとする上司がいます。所属している部署の仕事内容は決まっているでしょうから、何でも自由に好きなことをやらせてくれるわけはありませんが、決まった仕事をやるにしても、あなたの強みを把握して、あなたに合ったやり方でやらせてくれる度量がある上司だといいですね。それとも、自分の成功体験にこだわり、自分のやり方を部下に押し付けようとする上司でしょうか。後者の上司は、ちょっと時代遅れですよね。時代も環境も部下も変わっているのに、ひとつのやり方だけが正解であるはずはありません。

時代遅れ上司にあたってしまった場合、嫌気がさして、起業や転職を考えてしまうかもしれませんが、上司もまた変わるものです。仕事自体は続けたいのであれば、上司が変わる可能性を考えておきましょう。異動で上司そのものが変わることもあれば、上司のスタンスが変わることもあります。

もちろん、あなたからの能動的な働きかけも必要です。「私は、こういうことが得意です」「こんなやり方でやらせてみてください」と、訴えることもせずに、ただ与えられた仕事を漫然とこなし、その結果「私の強みを活かしてくれないな」と拗ねるのは、甘えです。まずは、必死で活かそうとしてみましょう。そのうえで、その必死さを受け止めてくれる職場か、握りつぶしてくる職場かを、見極めていきましょう。

SECTION
03 あなたを取り巻く人間関係

人間関係を整理してみよう

職場において、一番感情を大きく揺さぶられるのは、やはり人間関係の問題です。これからのキャリアを考えるにあたって、あなたがどのような人間関係を望んでいるか、きちんと考えておきましょう。

人によって、他人との間の「心地よい距離感」は違います。「適切な密度」も違います。できるだけ多くの人と関わり、ワイワイとした雰囲気の中にいるのが心地よい人もいれば、接する人数は多くても、サラリと関わる程度が心地よい人もいます。狭く深く少人数と関わっていきたい人もいれば、一人での作業が一番自分らしくいられる人もいます。

他人とどう関わっていきたいか、ということも、あなたの特性で決まります。あなたの特性と、仕事の進め方や職場の風土が合っている必要がありますよね。できるだけ一人でいたいのに、毎日飲み会に誘われるような風土の職場に入ってしまったら、つらくなってしまいますから。

起業すると、人間関係のしがらみからは逃れられるような気がするかもしれません。確かに、人から管理されたり、指示されたり、支配されることはなくなります。一方で、自分から主体的に、必要な人間関係を維持しなければならない、という側面もあります。自分から継続的に発信し、働きかけていかなければ、すぐに忘れられてしまいます。ある意味、自分からしがらみを作っていかないと、仕事がなくなってしまうわけです。会社に所属しているとき、良くも悪くも向こうから人が関わってくるのは、あなたが仲間内である、という前提があるからです。自分から自分のことを発信していくという行為が、自分の特性に合っているかということも、起業するときには考える必要がありますね。

さて、ここで、あなたを取り巻く人間関係を整理しておきましょう。

下の図を参考に、「円」で整理してみてください。

まず、自分を中心に置きます。

自分に直接影響がある人を円の中に置いていきます。距離が近い人は自分の近くに、遠い人は遠くに配置します。

一人の人につき、2つの点を置きます。

1つ目の点は「物理的な距離」、2つ目の点は「心理的な距離」を考えて配置します。

例えば、子どもについては物理的にも心理的にも近いところに点を打つ、上司につい

ソーシャルサポート・サークル

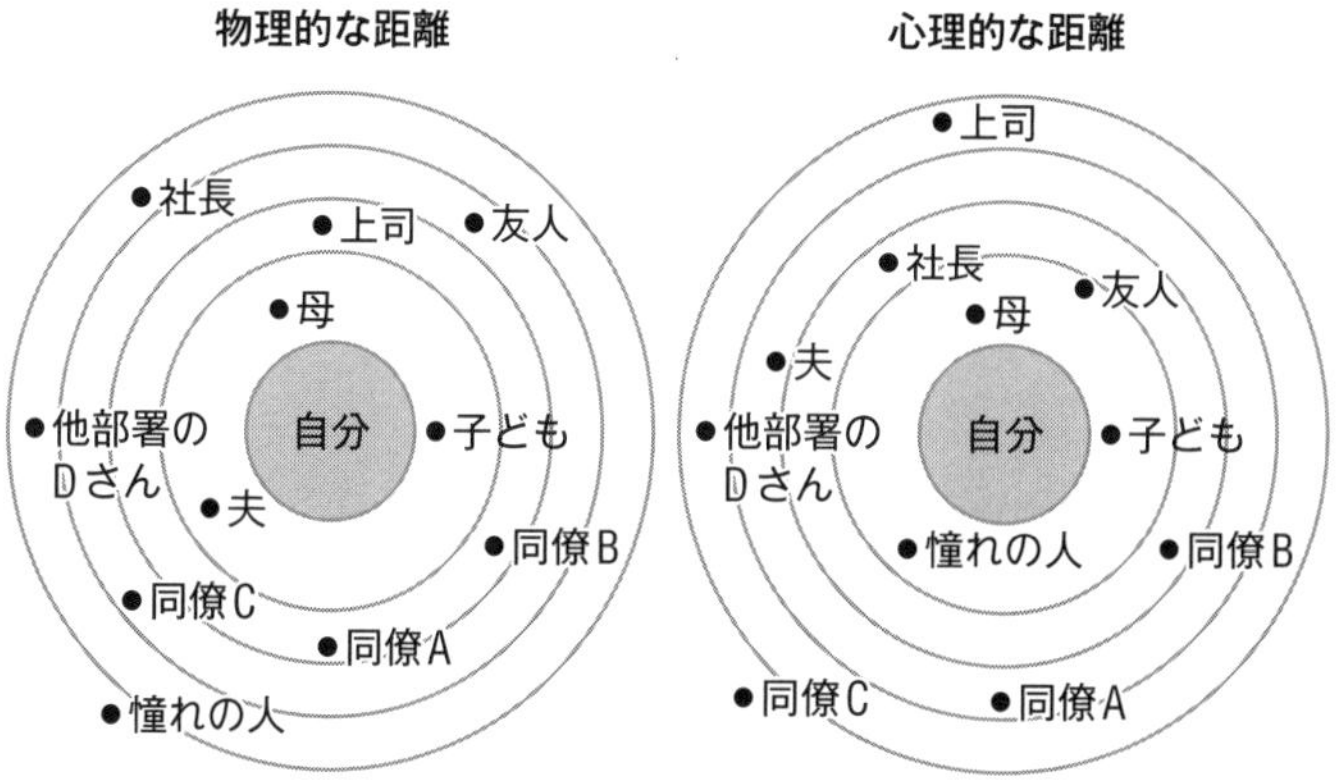

ては物理的な距離は近いものの、心理的な距離は遠いので、２つの点は離れたところに打つ、という具合です。

そんなふうに、あなたに直接関係している人々を配置してみてください。

できましたか？　それでは、改めて全体を眺めてみましょう。

- 物理的にも心理的にも近い人……あなたにとって影響力の大きい、大切な人です。もしくは、負の意味で影響力が大きく、今、あなたを苦しめている人です。前者であれば、今まで通りに大切にしていきます。後者であれば、どうやって離れるべきかを考えます。
- 物理的にも心理的にも遠い人……あまり気にしなくていい人です。ですが、あなたの未来のキャリアために、今後、近くしていきたいと思う可能性もあります。
- 物理的な距離は近いのに、心理的な距離は遠い人……たまたまあなたの近くにいますが、表面的なつきあいの人です。もしくは、もともとは心理的な距離も近かったのに、いつのまにか心が離れてしまった人です。心理的な距離も縮めたいと願う人であれば、関係性をより良く変えるために、自分から働きかける方法を考えます。心理的な距離は遠いままでいい、という人ならば、今の距離感が保てるように気をつけます。

- 物理的な距離は遠いのに、心理的な距離は近い人……憧れの人や、尊敬している人です。あるいは信頼しているので遠くにいても安心できる人です。もしくは忘れられない人です。物理的にも近づけることを願う人であれば、近づける方法を考えます。

余力があれば、あなたにとっての「理想の配置」も合わせて作ってみてください。理想に近づいていくためには、誰に対してどう動けばいいのかを考えていきます。

人間関係の問題は、感情を大きく揺さぶられるだけに、それに翻弄され、混乱させられて、キャリア選択の本質が見えなくなることがあります。もちろん、人の問題を含めてキャリア全体を見ていくべきなのですが、例えば特定の誰かへの怒りのあまり、積み上げてきた大切なキャリアを投げ捨てるというのは、もったいないことです。
だからこそ、いったん人間関係を整理して、冷静に全体を眺めてみましょう。

重要な決断をする前に、特に取り組んでおいたほうがいいのは、以下のパターンの相手です。

①「負の意味で影響力が大きく、今、あなたを苦しめている人」
②「もともとは心理的な距離も近かったのに、いつのまにか心が離れてしまった人」

①から逃れたくて、起業や転職を考えるというケースは多いと思います。かつての私の例を紹介しながら考えてみましょう。
その人は、同じ部署の先輩でした。私より後に異動してきた人です。最初は、私の仕事への考え方や仕事ぶりを絶賛してくれ、「一緒に会社をより良く変えていこう！」

と、同志のように扱ってくれました。私も、その先輩の熱い思いに共感し、尊敬していました。ところが、先輩は理想が高すぎる人だったのです。会社や所属している部署の足りない部分を徹底的に糾弾する「怒りの人」でもありました。私は同志ということになっているので、常にその怒りを共有され、「このままではいけない！」と言われ続けました。私個人に怒っているわけではないのですが、私もその部署の一員ですから、だんだんに自分の仕事ぶりも含めて批判されているような気がしてきました。やがて、先輩からの期待と怒りを受け止めきれなくなってしまいました。嫌いな人であれば、いっそのこと心理的な距離をこちらからぐんと離し、何を言われても放っておく、という選択もできたでしょう。しかし、先輩の言うことは常に正論で、否定することができませんでした。また、先輩の怒りは、正義感や会社への熱い思いから来ていることがわかっていたので、嫌いになることもできませんでした。気持ちを巻きこまれ、離れることができず、徐々にメンタルが参ってきてしまいました。毎日よく眠れず、先輩の怒りがいつも頭の中でグルグルしていました。そして、「先輩が理想とするような仕事は、私にはとても無理なので」という理由で、会社を辞めようとまで思い詰めてしまったのです。もともとその部署の仕事自体は、大好きだったにも関わらず。先輩にその意思を伝えたところ、先輩は大変驚き慌て、「そんなふうに追い詰める気は全くなかった」と反省されていました。先輩に強く引き止められて、とりあえず退職は保留としました。やがて、先輩は部署を異動することになりました。上司にもガンガン怒りをぶつけていましたので、もしかしたら、疎まれて異動させられたのかもしれません。

振り返ると、先輩に思い切って退職の意思を告げたのは、いいことだったと思います。「あなたには共感している。でも、それと同じくらい、つらい思いをしている」という気持ちを、先輩に伝えることができたからです。正直な気持ちを初めて伝えることで、少なからず先輩の態度は変わり、私の気持ちも楽になりました。そして、あの時会社を辞めなくて良かったと思います。仕事自体は好きでしたし、結果的に先輩は物理的に離れていったからです。

人との関係性は、自分が思い切って動くことで変わることもありますし、異動などの外的な要因であっさりと変わることもあります。①の人に今苦しめられているのであれば、そこから逃れるために手を尽くしてみて、そのあとで決断してもいいと思います。

②は、近くにいるのに、心が遠く感じる人です。そしてそのことを内心とても寂しく、つらく感じているならば、やはり動いてみたほうがいいと思います。

典型的なのは、夫婦の関係でしょう。お互いに仕事が忙しすぎて、すれ違いの生活が続き、いつの間にか心が遠くなってしまっていた……なんていうことが起きがちです。家族はとても近しい相手です。近しいからこそ、一度こじれてしまった関係を修復するのは、とても大変ですよね。どうにかしたいと内心は思っていても、きっかけがつかめません。こちらから歩み寄ろうかとも思うけれど、拒絶されるのがこわくて、つい現状維持のまま暮らしてしまう……ということがあると思います。

けれども、あなたのキャリア選択は、家族にも関係することです。特に起業をするという大きな選択のときには、家族の理解や協力が欠かせません。例えば、今後のキャリアについて相談したいということを、腰を据えて話をするきっかけにしてはいかがでしょうか。

どんな人間関係にも共通することですが、関係を改善したいと願うのであれば、まずはあなたから素直になることです。一度で上手くはいかないかもしれません。拒絶されて傷ついてしまうかもしれません。けれども人間関係は「鏡」です。あなたが素直でいつ続ければ、相手の心もきっと見えてきます。

人間関係の整理は、気持ちの整理です。

大切な人のことは、ちゃんと大切にする。離れるべき人からは、しっかり距離をとる。

大きな決断は、それからです。

真の関係性なら、環境が変わっても繋がっていられる

あなたは今、何かを変えようとして、この本を読んでいると思います。

環境を変えたら、これまでお世話になった人を裏切ることになるのではないか、大

切に思っている人との縁が切れてしまうのではないか、次の環境でまた今のような良い人間関係を構築できるだろうか、そんなふうに考えて、不安になっているかもしれません。

でも大丈夫です。あなたが大切に思い、ちゃんと誠実に接してきた人であれば、環境が変わっても、縁は続きます。あなたが自分の心に従い、納得して選んだ道であれば、真の関係性がある人は必ず応援してくれます。もし、環境の変化とともに縁が切れてしまうのであれば、それは、そこまでの関係性だったということです。気にする必要はありません。

そして、新しく出会う人々との縁に感謝し、また大切に誠実に接していけば、真の関係性で繋がれる人が増えていきます。

環境を変えることで、真にあなたを応援してくれている人は誰だったのか、はっきりすると思います。

SECTION

04 今のあなたの心身の状態

体と心の声を聞いてみよう

ところで、今、体調はいかがですか。気分のほうはどうでしょうか。自分のキャリアのことや、仕事のことは一生懸命に考えるけれども、自分の体調や気持ちには無頓着になっている人が少なくありません。

心身相関という言葉があるように、体調が優れないと、なんだか気分も落ち込みますし、心がつらい状態だと、体調のほうにも影響が出てくるものです。体と心は繋がっていますので、どちらも大切にしてほしいと思います。

断言しますが、良い仕事をしたいのであれば、心身の健康はとても大切です。心身の健康は、全ての土台なのです。体と心が弱っている状態では、良い決断はできないと思ってください。

まず、今の心身の状態をチェックしてみましょう。

「こころの耳」というポータルサイトにアクセスしてみてください。「こころの耳」は、働く人のためのメンタルヘルス・ポータルサイトです。厚生労働省委託事業として、一般社団法人日本産業カウンセラー協会が受託して開設しています。その中に、「5分でできる職場のストレスセルフチェック」というページがありますので、実施してみましょう。

このストレスチェックは、「職業性ストレ

5分でできる職場のストレスセルフチェック

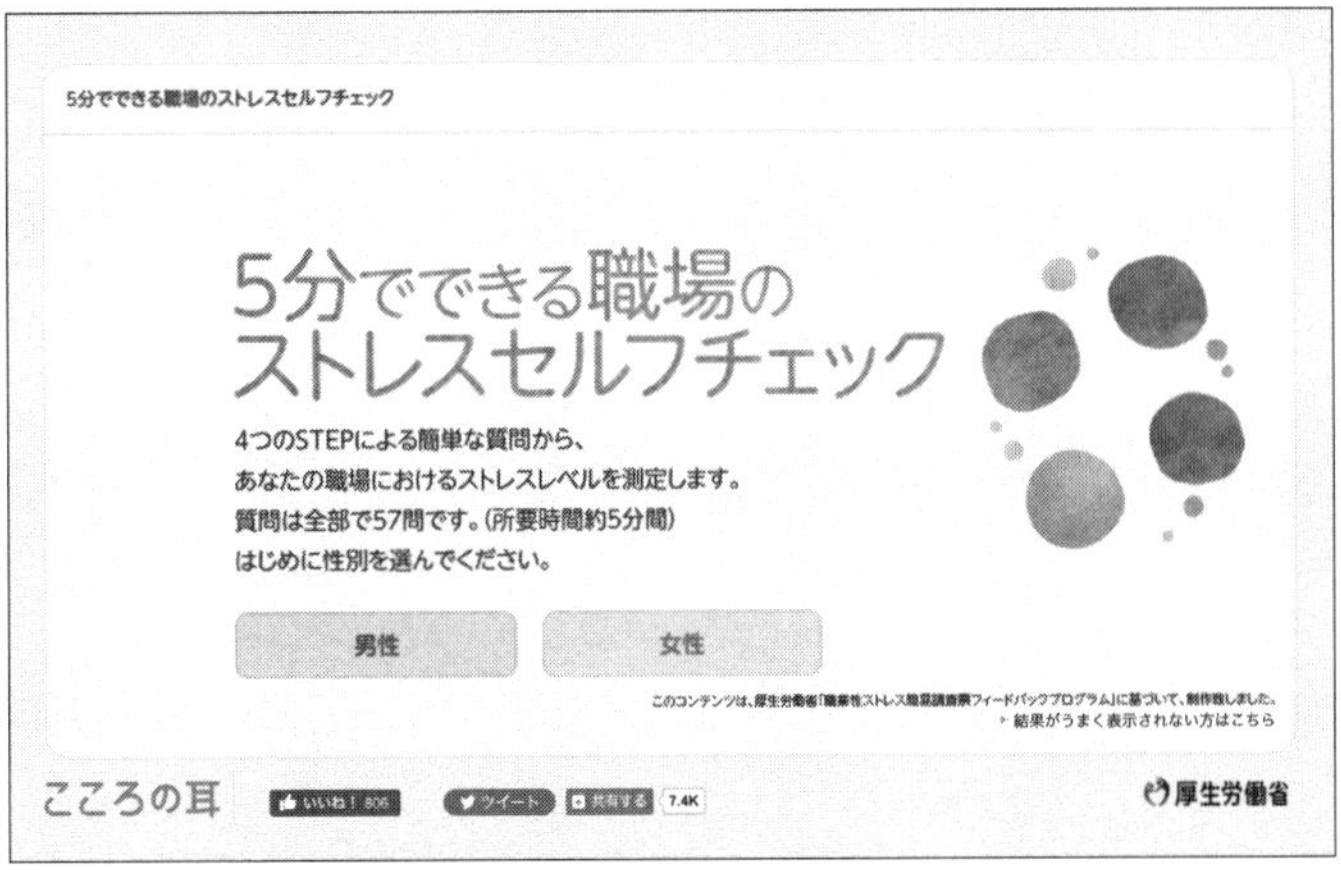

https://kokoro.mhlw.go.jp/check/

ス簡易調査票」と呼ばれるもので、厚生労働省が推奨しているツールです。会社でやったことがある人も多いかもしれませんね。

結果を見ていただいて、「身体愁訴」という項目の値が高い人は、体のほうにお疲れが出ています。あちこち痛かったりして、体調が優れないことと思います。一方、「イライラ感」や「不安感」、「抑うつ感」の値が高い人は、心のほうがつらい状態です。特に「抑うつ感」が高く、2週間以上継続して憂鬱な気分が続き、日常生活を送ることすらつらくなっている……という人は、会社の人事部や産業医に相談するか、一度、病院を受診されることを強くお勧めします。放っておくと、うつ病等の疾病に移行するリスクがあります。

ストレスが、体のほうに出やすいか、心のほうに出やすいかは、人それぞれです。「自分がメンタルヘルス不調になるわけがない」「メンタルヘルス不調になるなんて、弱い人間だ」と思い込んでいる人は、ストレスがどんどん体のほうに現れたりします。これまで見てきた例では、「風邪を引いているわけでもないのに、37度ちょっとの微熱が、ずーっと続いているんですよ」という人、「ストレッチをしたり、整体で診てもらったりしているのに、なぜか腰が痛くて痛くてたまらないんです」という人、「大人になってアトピー性皮膚炎は良くなっていたはずなのに、最近全身の肌あれがひどくて」という人などがいました。本人たちは始め、ストレスが原因とは考えていませんでした。ですが、病院で診てもらっても、体のほうにはこれといった異常が見つかりません。心の疲れが体の症状として出てきている、ということでした。

あなたの奥底の気持ちは、体調に表れるのです。意識としては「こんなこと、なんでもない。まだまだ頑張れる」と考えていても、体や心からSOSのサインが来たら、無視をしないでください。無視をすればするほど、回復が遅くなり、結局遠回りしますからね。

心身を整える生活習慣

大切なのは、生活習慣です。「えー、そんな基本的なこと？」と思われるかもしれませんが、心身にとって、日々の生活ほど、大切なものはありません。生活習慣が乱れると、体調が悪くなり、気持ちもネガティブになりがちです。逆もあります。気持ちがネガティブだと、つい生活習慣が乱れがちになり、結果的に体調も悪くなります。

せっかくですので、心身を整える生活習慣のコツについて、いくつかお伝えしておきましょう。

①朝日を浴びる

朝起きたら、まずはカーテンと窓を開けましょう。午前中のうちに10分程度、しっかり額に朝日を浴びましょう。概日リズムを統率する時計中枢の役割を担っている「視交叉上核」という脳の部位に太陽の光があたると、体内時計がリセットされ、その日一日を元気に過ごせます。また、幸福感や安心感をもたらす「セロトニン」というホルモンが分泌されます。

②起床後1時間以内に朝ごはんを食べる

卵や納豆、魚などのたんぱく質や、乳製品を含む朝ごはんを食べてください。食事の刺激も体内時計のリセットには重要です。また、朝にたんぱく質を摂取することが、夜の良質な睡眠に繋がっています。良質な睡眠には、睡眠ホルモンである「メラトニン」が大きく影響するのですが、このメラトニンは、セロトニンを原料としています。そしてセロトニンの合成には、たんぱく質に含まれる「トリプトファン（必須アミノ酸の一種）」が必要です。つまり、良質なたんぱく質を含む朝ごはんを食べる↓セロトニンが合成される↓気分が安定する↓約15時間後にメラトニンに変化する↓良く眠れる……という好循環となるのです。

③有酸素運動をする

ジョギングやウォーキングなどの、同じ動作をリズム良く繰り返す運動が、セロトニンの分泌を促します。15分程度の運動でも効果があるとされていますので、隙間時間でリズム運動を取り入れたいですね。運動は、単に肥満防止が期待できるだけでなく、様々な効果が検証されています。「若返り遺伝子」「長寿遺伝子」として注目を集めている「サーチュイン遺伝子」を活性化したり、免疫が上がったり、脳が活性化したり、うつや認知症の予防効果もあります。中強度の運動を週に1～2時間程度行った場合、死亡リスクが50％減少し、様々な病気のリスクも大幅に減少するといわれています。1日20分の早歩きで寿命が4年半延びるという研究結果もあります。こうしてみると、「運動しないほうがもったいない！」という気になってきますよね。

④腸活をする

最近「腸活」という言葉が注目されています。人間の細胞数は約37兆個ですが、腸内細菌の数は約100兆個といわれています。腸内細菌のうち、30％は善玉菌、10％は悪玉菌、60％が日和見菌です。日和見菌は、多いほうの菌の味方をしますので、納豆などの発酵食品、海藻などの水溶性食物繊維、バナナなどに含まれるオリゴ糖、青魚などに含まれる良い脂肪など、善玉菌が元気になるものを食べるといいのです。また、抗酸化作用のあるオリーブオイルをサラダにかけるのもいいですね。ファスティングでも善玉菌が増えることがわかっています。また、面白いことに「脳腸相関」という言葉があり、腸内の状態が、脳に大きな影響を与えるというのです。マウスの実験ですが、勇敢なマウスの腸内フローラを臆病なマウスに移植すると勇敢なマウスに変身し、逆のパターンもまた然りだったのです。腸内フローラが性格にまで影響するとは、驚きですよね。腸はセロトニンやドーパミンといった幸福感に関係するホルモンの前駆体を脳に運ぶという働きがありますので、ある意味納得の結果ともいえます。

⑤夕飯以降にリラックスタイムをつくる

心と体を整えるためには、自律神経のバランスをとることが重要なポイントです。日中、働いているときには交感神経が優位になり、夜は就寝に向けて副交感神経が優位になります。そして、副交感神経が優位になるリラックスタイムに、セロトニンは分泌されるのです。残業続きであったり、プライベートな時間もずっと仕事のことを考え続けてしまうと、交感神経が優位のままになってしまいます。意図的にモードを切り替えてください。忙しくてリラックスタイムなんて取れないよ！　という方は、たった5分だけでいいです。スマートフォンを置いて、テレビも消して、少し部屋を暗くして、自分の呼吸だけに意識を向ける瞑想の時間をとってみてください。

⑥質の良い睡眠をとる

寝付いてから最初のノンレム睡眠時に、成長ホルモンが活発に分泌されます。成長の促進だけではなく、体を修復したり、代謝を促進してくれるホルモンです。特に、寝付いてから最初の90分間、深い眠りになることが、質の良い睡眠のためには重要といわれています。

質の良い睡眠をとるための習慣としては、寝る90分前にお風呂に入る、寝る前にスマートフォンを見ないなどがあります。40度のお風呂に15分くらいゆっくりつかると、深部体温が上がります。その後、寝るまでの90分間で深部体温は上がったぶんだけ下がろうとするので、寝る頃には深部体温がしっかり下がり、ぐっすり眠れるのです。また、スマートフォンのブルーライトを長時間見ていると、セロトニンがメラトニンに変換されないといわれています。さらに、睡眠前に雑多な情報をインプットしてしまうことで、せっかく休息に入ろうとしていた脳を再び刺激し、交感神経にスイッチが入ってしまいます。すると、睡眠の質が下がってしまいます。最適な睡眠時間については、個人差があるとは思いますが、7時間の睡眠をとる群が、虚血性心疾患や脳卒中での死亡率がもっとも低いことがわかっています。そして、特にお願いしたいのは、寝る直前の5分間だけは、楽しいことや嬉しいことを考えてほしい、ということです。寝るときは意識が後退して、無意識が前面に出てきます。そのときに、良いイメージや良い記憶を無意識にインプットしておくと、心が強くなります。

⑦自然に触れる

1か月に5時間以上、自然の中で過ごすことで、ストレスが大幅に軽減され、脳が活性化されるという研究結果があります。たまには思い切って大自然の中へ旅行にでかけるのもいいですし、近所の公園で過ごすだけでもいいですね。

脳内マップ・今あなたの脳を占めているものは？

一時期、「脳内メーカー」というサイトが流行りましたね。やってみたことはありますか？　遊びサイトですが、やってみると、意外とドンピシャに当たっているような気がして、面白いものです。あの脳内メーカーのイメージで、今のあなたの脳内を見える化してみましょう。

今、あなたの脳を占めているのは、どんなことでしょうか。仕事のことでしょうか。家族のことでしょうか。ポジティブなこととネガティブなことのバランスはどうでしょうか。あなたにとって大切なことが脳内を占めている状態だといいのですが、嫌いな人や嫌な出来事、心配事のほうが、しつこく頭に残ってしまいがちです。そして夜になると、ますます心配事が脳内で膨らみ、ついつい反芻してしまうんですよね。特に、メンタルヘルス不調になりやすいタイプの人は、治りかけのかさぶたを思わず引っ掻いてしまうように、夜中に嫌な出来事を反芻してしまう傾向が強いといわれています。

また、意識的に何かに集中している以外の時間というのは、「デフォルトモードネットワーク（DMN）」が活性化しています。「デフォルトモードネットワーク（DMN）」というのは、意識的に何かをしていないときに働く脳のネットワークなのですが、実は、仕事や勉強に集中しているときの何倍も、脳のエネルギーを使っているといわれています。意識しないでもできることをやっているとき、例えば、駅から家までの道を歩いているときや、歯磨きや皿洗いをしているとき、ただコーヒーを飲んでいるとき、「デフォルトモードネットワーク（DMN）」が活性化します。脳をアイドリング状態にしながら、バラバラに入力されている情報を取捨選択したり、整理したりしています。脳内マップが刻々と変化し、これからの行動を無意識にシミュレーションしています。そのため、良い感じでボーっとできていると、突然アイデアが閃いたり、創造力が高まるのです。お風呂で頭からシャワーを浴びているときに、突然良いアイデアを思いつくという経験を、私もよくしています。

一方で、「デフォルトモードネットワーク（DMN）」活性の状態が長すぎると、脳はエネルギーを使いすぎて、疲労困憊になります。特に心配事や不安なこと、嫌なことが脳内を占めているとき、脳は延々とネガティブマップを展開しており、疲労感はさらに激しくなります。いつもモヤモヤしている人は、この状態が長いのです。

対処法は、夢中になること・集中することです。

夢中になること。例えば、きつめの運動をしているとき、脳は余計なことを考えている暇がありません。山登りが心身に良いというのも、山を登るのはきつすぎて、「山を登る」ということ以外、考えられなくなるからなのですね。友だちとの会話を楽しんだり、映画や本に夢中になるのも良いでしょう。

集中すること。それは「今、ここを味わう」ことです。現代人は、「今、ここ」を味わうのが苦手です。過去の幻影に追われたり、未来の自分を心配しすぎるのです。今ではなく、過去や未来のことをこんなに考えるのは、生き物の中で人間だけです。でも本当は、「今、ここ」を大切にして、丁寧に味わって、気分良くいられたほうが、脳が活性化します。

意識しないでもできることをやるとき、いつものようにボーっとするのではなく、いつもの2倍くらいの時間をかけ、2倍くらい集中して、ゆっくりと楽しんでみてください。五感を存分に使い、今、この瞬間、目に見えているもの、聞こえる音、舌の上の味わい、皮膚の繊細な感覚、鼻腔をくすぐる香りを味わってみてください。例えば食事をするとき、何気なく食べないで、最初の一口の味わいに集中してみてくださ い。食感や香りや温度も味わってみてください。これは、瞑想するのと同じような効果があります。

脳内マップの状況は、日ごと、時間ごとに変わるものだと思いますが、ここ最近のあなたの脳内を見える化してみてください。「ああ、気づけば私、ずっとこのことに囚われていたな」とか、「考えても仕方のない、過去のことや未来のことばかりグルグル考えていたな」と気づいたら、夢中になれる何かを探してください。「今、ここ」に集中してみてください。そうすればきっと、今後のキャリアについても、新鮮なアイデアが浮かんできます。

クリアな選択は、クリアな脳からしか生まれてきません。

第3章まとめ

「私は今、こんなストーリーの中にいる」……今現在の、あなたの職場での状況、仕事への思い、人間関係、脳内マップを、整理して確認していただきました。今現在のストーリーの内容と進行が、だいぶ見えてきたのではないでしょうか。

実際に、ストーリー風に、今のあなたの状況を書いてみると面白いかもしれません。ストーリー風にすると、自分のことなのですが、一歩下がって客観的に書けるものです。ストーリーの中の自分を見つめ直したとき、今目の前にある状況をどう判断すべきなのか、あなたにはわかるはずです。

CHAPTER 04

過去の自分を振り返る

～あなたはこれまで、どんなストーリーを生きてきましたか～

SECTION

01 ここまでのライフストーリーを振り返ってみる

いったん振り返ることの意味

これまで、あなたがどんな時に幸せを感じ、どんな時に苦しみを感じ、どんな子ども時代を過ごして、どんなものが好きだったかを振り返ることで、自分でも忘れていたような、あなたの特性、強みが浮き彫りになってきます。

まずは、どんな時に幸せと苦しみを感じていたのかを思い出すために、「ストーリーライン」というものを書いてみましょう。

ストーリーラインを書いてみよう

これまでのあなたの人生のストーリーの流れを、下図を参考に書いてみましょう。

横軸は年齢、縦軸は幸福度です。幸福度は主観でかまいませんが、前述した、サニー・ハンセンの「4L理論」を想定するといいと思います。仕事・学習・余暇・愛の4つのカテゴリの総合点で、高低を考えてみてください。真ん中に線が引いてありますが、その線を基準とします。基準線の幸福度は「まあまあ安定。とびきり幸福でもないが、不幸なこともなく、大過なく暮ら

ストーリーライン

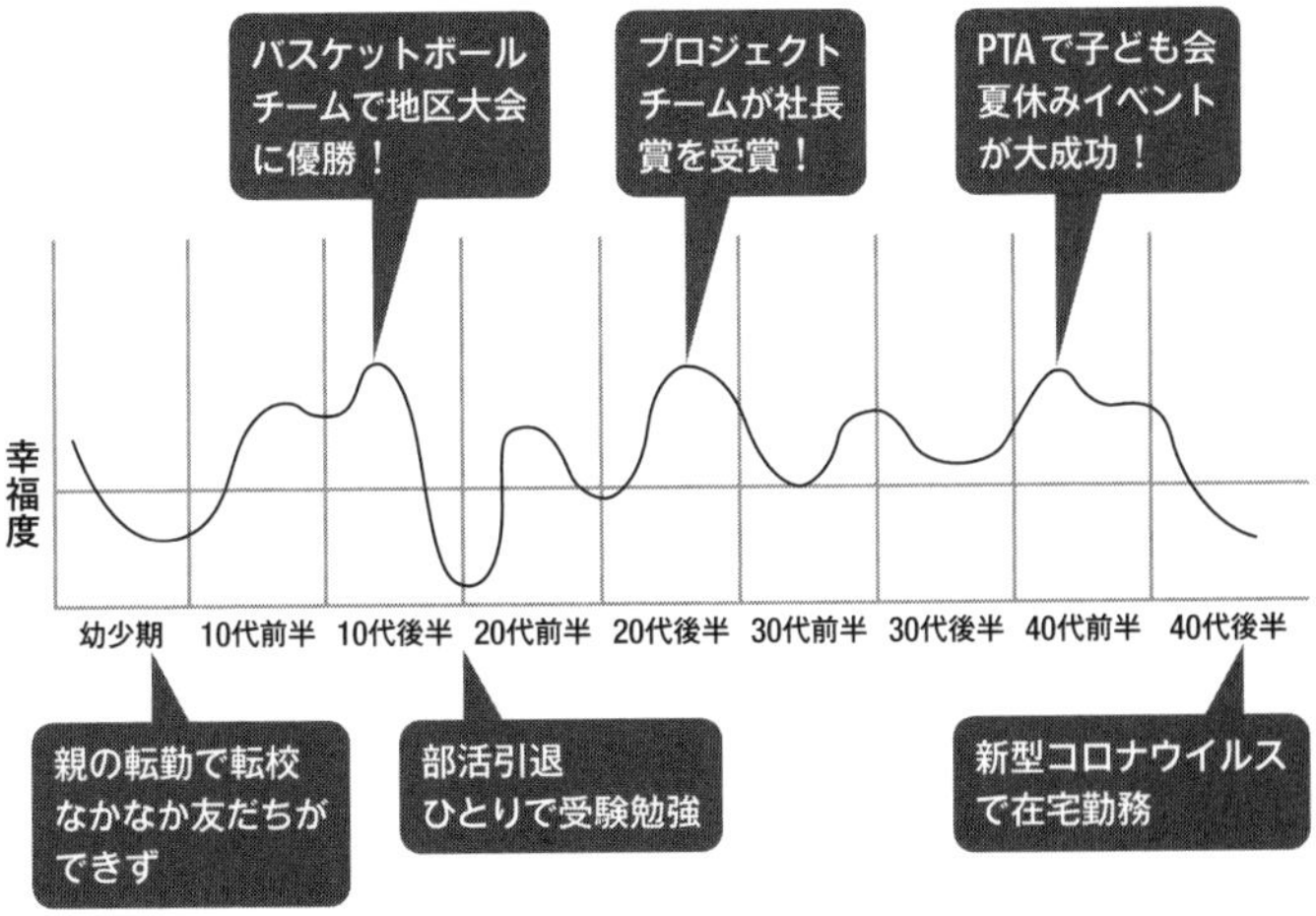

している感じ」くらいに想定しておきましょう。

最高だったポイントとドン底だったポイント

さて、ストーリーラインを書いてみたとき、過去、最高だったポイントは、どんな状態のときだったでしょうか。あなたはそこを、どうして「最高ポイント」だと判断したのでしょう（※ただし、節目となる大きなライフイベント、例えば結婚や出産は除いて選んでください。最高の体験には違いありませんが、あなたの特性を探るには適さないため）。

最高ポイントで、そのとき何が起きていたのかを、できるだけ詳細に、具体的に思い出してみてください。嬉しい出来事や喜ばしい状況があったことと思いますが、そのときあなたは、どのような特性を発揮していたでしょうか。

例えばMさんは、最高点をつけたポイントが3箇所ありました。高校時代、所属していたバスケットボールチームが地区大会に優勝したとき。若手社員だった時代、プロジェクトが成功して、チームが社長賞を取ったとき。そして子どもが生まれてから、小学校のＰＴＡ役員として子ども会の夏休みイベントを企画し、それがとても盛り上がって子どもたちの笑顔が見られたときです。Ｍさんの場合、最高の気分だと感じるとき、そこにはいつも仲間がいました。チームで目標に向かって頑張ること、チームで何かを達成することが、Ｍさんにとっては無上の喜びです。Ｍさんは、チームメンバーを盛り上げたり、節目節目でチームに目標を思い出させたり、メンバー同士がうまくいくように調整をしたりするのが得意でした。チームメンバーからはよく「Ｍさんがいて良かった」「Ｍさんと同じチームになれて助かった」と言われます。Ｍさんの一番の強みは「チームワーク」なのです。

このＭさんのように、あなたの最高ポイントにも、共通する要素があるはずです。このやり方をしたときにはいつも上手くいっていた、という共通点を見つけてみてください。

一方、ドン底だったポイントは、どんなときだったでしょうか。つらい出来事や状況があったことと思いますが、どうしてつらかったのでしょうか（※ただし、突発的な悲しい事故のようなことは除いて考えてください）。

ドン底だったときというのは、自分らしくいられなかったときではないでしょうか。あなたの特性が発揮できず、抑えられてしまった期間ではないでしょうか。

Mさんの場合は、高校三年生になり、部活を引退して、ひとりで受験勉強に立ち向かわなければならなかった期間と、COVID-19が流行し、在宅勤務を余儀なくされていた期間、チームとの繋がりを感じられず、とてもつらかったようです。

ドン底からどうやって這い上がったか

あなたには、ドン底に突き落とされ、そこから這い上がった経験はありますか？

どのように成功したのか、という法則は、あなたにとっては自然なやり方であり、当たり前のことすぎて、もしかしたら見つけづらかったかもしれません。

一方で、もしドン底から這い上がった経験があれば、その時のことのほうが、鮮明に記憶に残っていると思います。ドン底から這い上がるには、必死の頑張りが必要だったことでしょう。どうしたら良い方向に行くか考え尽くしたでしょう。色々と工夫もしたと思います。つまり、這い上がり方にこそ、あなたの個性や強みが否応なくにじみ出るのです。追い詰められたときにこそ、火事場の馬鹿力のように、あなたの特性が顕著に発揮されるのですね。ドン底にいるときも、そこから這い上がろうともがいているときも、とても苦しかったと思いますが、今になって振り返ると、あなたが本来持っている生きる力が、燃え上がっていたのではないでしょうか。

Hさんの例をお話ししましょう。Hさんは、管理職に昇進したことをきっかけに、ドン底にいました。昇進したこと自体は喜ばしいのですが、Hさんは、一匹狼タイプの技術職で、自分は管理職には向いていないと思い込んでいました。自分が一匹狼なので、管理されるのを嫌う分、人を管理するのも苦手でしたし、部下の教育の仕方もわからなかったそうです。自分は先輩や上司の背中を見て、勝手に学んで成長してきたので、教えてくれるのを待っているだけの受け身の部下に、不甲斐なさも感じていました。やがて、「Hさんは課長のくせに、何も教えてくれない」「いつも不機嫌そうで話しかけにくい」などという不満を、部下が他の管理職や部長に訴えるようになり、日に日にHさんの立場は悪くなっていきました。そしてある日のこと。一から十までHさんの判断を求めてくる部下に、つい「ちょっとは自分の頭で考えろ。小学生かお前は」と言ってしまったことで、部下が「H課長からハラスメントを受けた」と、人事部に通報をしたのです。Hさんは、それまでもストレスを溜め込んでいましたが、その事件がトドメとなり、本格的に落ち込んでしまいました。ただ、結果的には、この事件が転機となりました。Hさんを呼び出して面談をした人事部の担当者は、Hさんの発言については厳重注意をしたうえで、アドバイスをくれたそうです。「Hさんには、管理職とはこういうものという固定概念があって、それに自分が合っていないと思い込んでいるようですが、Hさんなりの管理職になればいいと思いますよ。管理職らしく振舞わなければと思いすぎず、Hさんの本当の人柄を前面に出して、人として正直に接してみたらいいんじゃないですか」そのような人事担当者からのアドバイスをきっかけに、Hさんは「自分から変わらなければ」と決心したそうです。勇気を持って、部下との関わり方を自分から変えることにしたのです。Hさんの性格の強みは、

「好奇心」や「向学心」という「知恵と知識の美徳」にありましたので、自分が仕事の中で、今面白いと思っていること、新たに試してみたいと考えていること、興味を持って調べていることなどを、部下にぽつりぽつり、話してみたそうです。「部下を教育する」などと気負わずに、自分がそのとき情熱を持って取り組んでいる仕事内容を、共有しただけです。それでも、部下の態度はみるみるうちに変わりました。技術者としてのHさんを尊敬する人が増え、Hさんを積極的に手伝いたいという部下も出てきました。「管理する人と管理される人」という関係性ではなく、「知恵を共有しあう技術者仲間」として部下を扱うことで、良い関係性が築けるようになりました。結果的に、マネジメントも上手くいくようになったのです。

Hさんのように、自分の性格の強みを活かす形で、ドン底から這い上がった経験が、あなたにもあるでしょうか。「どのように」這い上がり、立ち直っていったのか、ぜひ思い出してみてください。

人からよく頼まれたり褒められたり感謝されたりした仕事は？

改めて、性格の強み（行動特性・思考特性）とは、「あなたが当たり前のようにやっていること、当たり前のように考えていること、あまり苦労なくできてしまうことのうち、他人から褒められる種類のもの」だといえます。

ですから、性格の強みを仕事に活かせているとき、あなたにはその自覚がないかもしれません。頑張ったという自覚があまりなく、できてしまっているからです。そのため、自分では自分の強みに、案外気づきにくいのですね。

そこで、人から「この仕事といえば○○さんだと思って。頼まれてくれませんか」とよくお願いをされる仕事を思い出してみましょう。もしくは、それほど苦労したり頑張ったつもりはなかったのに、「すごいね」「さすがだね」と、人から褒められた仕事はありませんでしたか。何気なくやってあげたことに対して、「すごい！　ありがとう！」と、やたら感謝されたことはありませんでしたか。あるいは、みんなで同じように頼まれた仕事なのに、自分だけが飛び抜けてよくできて、「なんでこんなことができないんだろう?」と、内心疑問に思ったことはありませんか。

そのときにやっていた仕事を、自分が「どうやって」やっていたのか、思い出してみてください。

例えばSさんの場合、自分では人前で話すことが得意だと思ったことはなかったそうなのですが、たまたまセミナーの司会の仕事をしたときに、同僚や上司から口々に「すごく上手だった」「初めてなのに、とても慣れているように見えた」と、褒められたそうです。その日をきっかけに、「司会といえばSさん」というイメージが定着し、毎回頼まれるようになりました。実は、Sさんには「勇敢さ」という強みがあったために、人前で余り緊張しない、気持ちが怯まないという特性がありました。それに加え、「ユーモア」という強みもあったために、ちょっとしたジョークでお客様を和ませるということも、自然にやっていました。Sさんは自分の性格の強みを自覚して、今では研修講師としても活躍しています。

SECTION 02

子どもの頃、どんな子だった？

まわりの人からよく言われていたこと

今度は、あなたが子どもだった頃のことを、思い出してみましょう。
ただし、子どもの頃のことを思い出す作業は、人によってはつらいことである可能性があります。幼少期のことを思い出すのはつらい、と感じる人は、無理に思い出さなくても大丈夫です。このセクションは読み飛ばしてください。

さて、子どもの頃に、「○○ちゃんて、本当に△△だよねぇ」という言われ方をされたことはあったでしょうか。
△△の中には、いわゆる「元型」と言われるものが入ることが多いのです。「元型」

とは、英語でいうとアーキタイプ。スイスの心理学者、カール・ユングが提唱したものです。人類共通の集団的無意識が作り上げている、様々なタイプの象徴的なイメージのことです。人間の深層心理にあって、心のエネルギーに作用するといわれています。

代表的な元型には、

「太母（グレートマザー）」

「老賢者」

「トリックスター」

「永遠の少年」

「永遠の少女」

「英雄」

「影」

「ペルソナ」などがあります。


また、ハリウッド映画のお手本になっていることで有名な「英雄の旅（キャロル・

S・ピアソン著)」という本の中には、12のアーキタイプが示されています。

「幼子」

「孤児」

「戦士」

「援助者」

「探求者」

「破壊者」

「求愛者」

「創造者」

「統治者」

「魔術師」

「賢者」

「道化」です。

有名なハリウッド映画を思い浮かべてみれば、登場人物は、いずれかの元型を背負っていることがわかるでしょう。

子どもの頃、例えば「〇〇くんて、本当にいつもヒーローだよね」と言われていた人は、自分の中の元型として「英雄」や「戦士」が強いと仮定できます。正義感が強く、曲がったことが嫌いで、困難にも勇敢に立ち向かっていく……そんな特性を持っているかもしれません。

「〇〇ちゃんて、お母さんぽいよね」と言われていた人は、自分の中の元型として「太母」や「援助者」が強いと仮定できます。世話好きで、相手を包み込み、守ろうとする……そんな特性を持っているかもしれません。

「〇〇くんて、変わり者だよね〜」と言われていた人は、「トリックスター」や「道化」の元型を強く持っているのかもしれません。「トリックスター」は、いつも愚にもつかないことをやって、秩序をかき乱したり、まわりの登場人物に呆れられたり、時には疎まれたりするものですが、実のところ、ストーリー全体で見ると、極めて重要な役割を担っていることが多い人です。

親や、古くからの友人に聞いてみましょう。「私って、どんな子どもだったかな?」と。

今でも覚えている印象的なエピソード

子どもの頃の思い出というものは、表面的な意識としては、大半忘れています。しかし、決してなくなってしまったわけではなく、膨大な無意識の領域に保存されています。その膨大な思い出の蓄積が、あなたの性格を作っているわけですが、中には、比較的鮮明なエピソードとして覚えているものがあると思います。ひどく印象的で、今でも覚えているエピソード。それは、幼いあなたが、出来事をどう解釈したのか、世界をどのような視点で見たのかを表す、象徴的な出来事でもあります。

私の場合は、とてもささいな出来事の記憶です。友だちの家に遊びに行って、その家のお母さんから、茹でたてのとうもろこしを「食べる?」と聞かれたのですが、咄嗟に「いらないです」と言ってしまって、そのあとでやっぱり食べたかったな……と思い、後悔したこと。けれども、「やっぱり食べたいです」とは言い出せなかったこと。幼稚園の先生に叱られたことで意地を張ってしまって、配られていたプレゼントを「いらない」と言ってしまったこと。自分だけプレゼントを持ち帰れなくて恥ずかしかったけれど、先生に「やっぱりプレゼントください」とは言い出せなかったこと。親に叱られたあと、「ごめんなさい」と言いたくて両親の寝室に入ったけれども、気まずくてどうしても「ごめんなさい」と言い出せなかったこと。

覚えているのは、「本当の気持ちを、言い出せなかった」というエピソードが多いのです。このようにささいな記憶が影響しているのか定かではありませんが、今の私の意識の中には、「人は、なかなか素直に本音を言えないものだ」という前提があり、それゆえに「相手を安心させるような言動をとる」という特性を持つに至っています。

その場にいる人が、いたたまれない思いや、気まずい思いをしないように場の空気を和ませる。目が合ったら微笑む。笑顔を絶やさない。質問や本音を言いやすいように気さくな雰囲気をつくる。「本当はこう思っていそうだな」と感じたら、さりげなくそれを引き出そうとする。何か言いたそうであれば、急かさずにじっと待つ。「大丈夫、大丈夫」というのが口癖である……などです。

幼い頃の意地っ張りで見栄っ張りな自分が目の前にいたとしても、安心させるような言動を、無意識のうちにとっているのです。この行動特性を仕事上で活かせているかというと、活かせています。例えば営業の場面において、お客様から「安心してなんでも話せるな」と思っていただくことができ、成果につながったりしています。

このように、子どもの頃の特に印象的な思い出が、今の行動特性・思考特性に繋がっている可能性は、かなり高いと思います。

幼いあなたは何をしているときが、一番楽しかったでしょう

子どもの頃のあなたが、自然と笑顔になっていたのは、どんな時だったでしょうか。

子どもたちを見ていると、保育園に通うくらいのかなり幼いうちから、好きなことが違うのがわかります。友だちとはしゃぎまわるのが好きな子、ひとりで絵本を読むのが好きな子、黙々と何時間でも電車を走らせる子、戦いごっこが好きな子、競争し

て勝つことが好きな子、とにかく身体を動かすことが好きな子など、個性が分かれています。

例えばトーマス・エジソンの場合、子どもの頃は、「なんで？　どうして？」と質問ばかりする、とても好奇心の強い子どもだったそうです。「なんで1＋1は2なんですか？　この2つの粘土をくっつけると、1つになるのに」と先生に質問したというのは、有名なエピソードですね。答えに窮するようなことばかりを質問してくるエジソンを、先生は疎ましく思い、とうとうエジソンは学校を退学させられてしまいます。しかし、エジソンの好奇心を大切にしてくれた母親のおかげで、エジソンは個性を存分に伸ばし、偉大な発明家になるわけです。エジソンにとっては、物事の仕組みを考えたり、解明したりすることが、楽しくて仕方がなかったのでしょう。

子どもの頃、これをやっているときは、親や友だちが何と言おうと楽しかったなぁ、ということがあれば、それはあなたの個性です。どうしてそれが楽しかったのか、ということを突き詰めていくと、あなたの強みに行きつくのです。

SECTION 03

「好き」という気持ちを掘り下げよう

「好き」という気持ちの中に、あなたらしさがある

さて、子どもの頃に楽しかったこと、好きだったことという話題から、さらにあなたの「好き」という気持ちを掘り下げていきましょう。

好きなことは何？　と聞かれても、大人は案外困ってしまうかもしれませんね。好きって何なのでしょうか。好きというのは、興味があること。もっと近づきたいと思うこと。もっと知りたいと思うこと。集めたり、常にそばに置いたり、実際に行って見てみたり、聞いてみたり、自分から行動してしまう対象のこと。情熱を注げること。夢中になれること。いくら時間を使っても苦にならないこと。そうしようと特に強く決意したわけでもないのに、ついついやってしまうこと。そんな感じが、好きという

ことですね。

改めて、あなたにとって、何が「好き」の対象なのか、考えてみてください。

ただ、ここで改めてお伝えしておきますと、単純に「好きなことを仕事にしてください」と言いたいわけではありません。

第1章でお伝えした通り、「好き」でも「上手くできない」ことはあります。上手くできないことを仕事にしてしまうと、成果はなかなか出ません。

また、好きなことに関連した仕事に就けば満足できるのではないか、という選択の仕方をして、上手く行かなかった例もたくさん見ています。原因は、「好き」を掘り下げていないからです。

例えば、本が好き⬇本屋さんの店員になろう⬇本屋さんの実際の仕事は向いていなかった……というのは、わかりやすいケースですね。本が好きなのであれば、本の「何が」好きなのかを掘り下げなくてはならないのです。好きなのは、本を読むことなのか、本を作ることなのか、装丁を眺めることなのか、文章を書くことなのか、編集することなのか、評論することなのか、良い本を人に勧めることなのか、本がたくさんそばにあることなのか。それによって、選択は大きく変わりますよね。

仮に本を読むことが好きなのであれば、そこからさらに掘り下げます。本を読むことで得ている「何が」好きなのかを、さらに突き詰めて考えるのです。

- ゆったりした一人の時間が好き➡一人を楽しめる特性
- 色々と知ることができるのが好き➡知的好奇心が高いという特性
- 別世界に行けるのが好き➡空想や創造で人と違う世界を見る特性
- ストーリー展開にワクワクするのが好き➡冒険したいという特性
- キャラクターの感情に思いを馳せるのが好き➡人の感情に寄り添う特性
- 物語の中の美しさや人の偉大さに感動するのが好き➡審美眼をもって美しいものや偉大なものに驚きたいという特性

このように、持っている特性によって、楽しむポイントが違います。

そうです。好きな気持ちをどんどん掘り下げていくと、あなたの特性、性格の強みがわかってくるのです。つまり、好きなことについて考えてほしいのは、あなたの特性を知るためで、好きなことをダイレクトに仕事にしてもらうためではありません。

もちろん、特性、もしくは先天的な才能を活かせるのであれば、好きなことをダイレクトに仕事にするのは、幸せなことです。それを否定しているわけではないので、誤解なきよう。

さて、「では好きなことを考えてみようか」と思っても、自分の感情を感じることが苦手な人もいると思います。

他人の期待に必死で応えるような生き方をしてきた人は、自分の感情を麻痺させるのが、上手になってしまっているのです。働く人々の相談を受けていても、「自分が何が好きなのかわからない」「ウキウキ、ワクワクするのはどんな時？　と聞かれても、そういう感情になったことがない。もしくは思い出せない」という人は、案外多いものです。

そのような場合、心が穏やかになる、心が満たされる、もしくはそれがあるから救われている……という感覚になれることを思い出してみましょう。

また、好きという気持ちが強すぎて、無意識のうちに、かえってそこから遠ざかるという選択をしている人もいます。

Kさんの例をご紹介しましょう。Kさんは医者の家系に生まれ、小さな頃から親に「医者になれ」と言われ続けていました。自分の人生には医者になるという選択肢しかないと思い込んで生きてきました。しかし、Kさんの本当に好きなことは、「絵を描くこと」だったのです。Kさんは無意識のうちに、絵を描くことや絵を観ることから、自分を遠ざけていました。好きなのに関われないことがつらすぎるので、そもそも近づかないことで、自分を守っていたのです。それでも、ふと絵を目にしてしまったとき、Kさんの心は、ザワザワとさざ波が立つようにざわめきます。絵に関することを避けているのに、「絵を描いてくれ」と言われるシチュエーションに、なぜかよく出会ってしまいます。絵に関するストーリーや人物に不意に出会うと、涙が出てくることがあります。好きなように絵を描いている人を見ると、燃えるような嫉妬を覚えます。そんなふうに、感情が勝手に動いてしまうのです。決してポジティブな動き方とはいえないのに、心が揺さぶられてしまうのです。Kさんが、自分の感情を抑えつけて、予定通り医者になったとしたら、どうなるでしょう。Kさんにとって、絵を描くことが、本当に好きなことであると同時に、「人生のテーマ」でもあった場合。Kさんはいよいよ絵を描き始めるまで、「自分の人生には、やり残したことがある」という思いから逃れることはできないでしょう。その思いすら無視して人生を終えてしまうのか、それはKさんの選択次第です。

Kさんの例もふまえ、まとめてみましょう。

「好き」と「上手くできる（特性が活かせる）」が一致する分野、これは「適職」になります。適職に就くことができれば、スムーズに成果が出せるし、心の満足度も高いでしょう。

「好き」でも「上手くできない」のであれば、趣味で楽しむのがいいと思います。

「好きでない」けれども「上手くできる」分野、これを仕事にすると、辞めるきっかけがつかめず、つらいかもしれません。Kさんにとって医者という仕事がこれだと、人生の選択に勇気がいりますね。一方、やっているうちにだんだん好きになってくれば、適職に変化する可能性もあります。

「好き」と「上手くできる」と「人生のテーマ」が一致する分野、これこそが「天職」だと、私は考えています。Kさんにとって絵を描くことは、おそらくこれです。

自分から一番、時間やお金をかけてきたことは？

これは、「自分から」というのがポイントです。子どもの頃の習い事とか、上司から指示された仕事とか、人に言われてやってきたことの中には、すごく時間をかけてきたことがあるかもしれません。それは基本的には対象外なのですが、人から言われてというのはただのきっかけであり、いつのまにか自分も好きになっていればOKです。

この分野のことであれば、いくら時間やお金をかけても惜しくない、というものはあるでしょうか。時間やお金をかけるほど、積み上がれば積み上がるほど、自分の糧になると思えるものです。

例えば、ラーメンが好きで、なんなら毎食ラーメンでも飽きないという人が、好きが高じて、ついにはラーメン評論家として

天職に至る要素

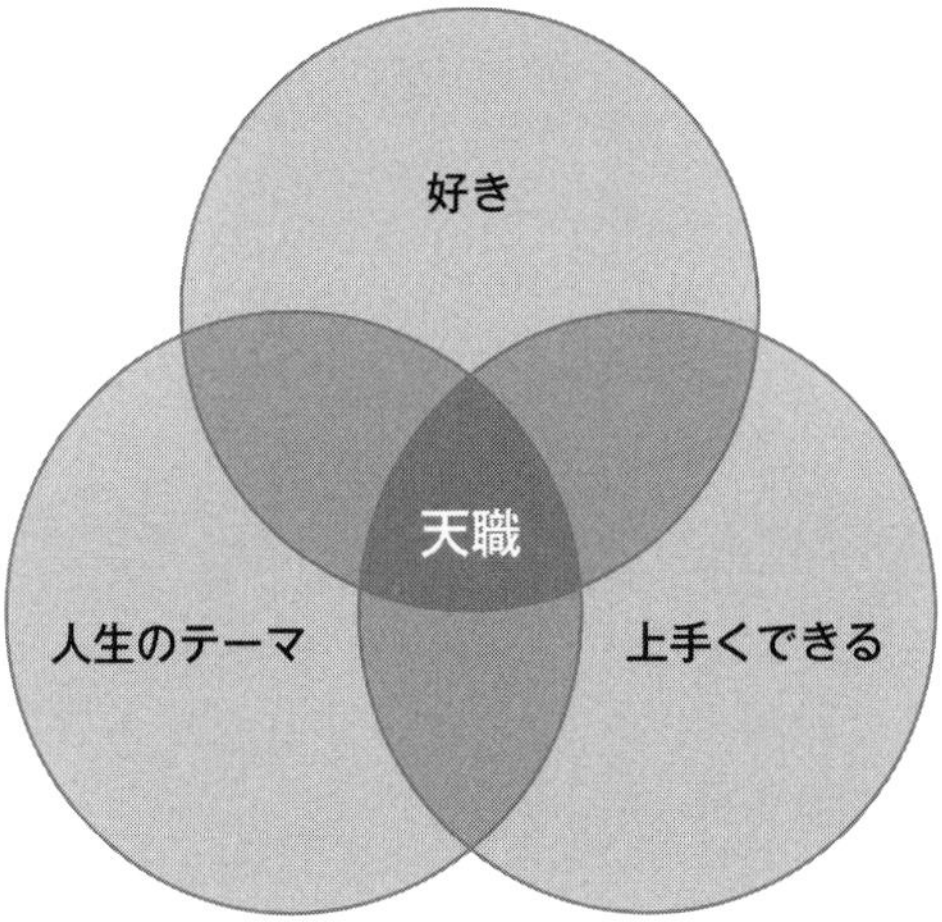

SNSで活躍したりしますよね。
これまでのライフストーリーを振り返ってみて、量的側面で他を圧倒しているものがないか、探してみましょう。

これまで出会った人の中で、大好きな人・尊敬している人・憧れている人は誰ですか？

思い浮かべるのは、実在の人物でもいいし、本やアニメや映画の中の人物でもOKです。ただし、親や育ててくれた保護者は除いて、自分で選んで好きになった人を挙げてみてほしいと思います。複数人いれば、そのほうがいいです。その人たちを表す形容詞を、できるだけたくさん挙げてみてください。

大好きで尊敬している人のことを、キャリアコンサルティングの世界では「ロールモデル」といいます。ロールモデルの持つ特性が、あなたの持つ特性に近いと考えられます。

偉業を達成した人であっても、「○○をやりとげた人だから」というよりも、○○を

「どんなふうに」やりとげたのか、という部分に注目して、その人の魅力を深掘りしてみてください。あなたが共感しているのは、その人のどんな部分なのでしょうか。もし今、具体的な悩みがあれば、「あの人だったら、いったいどう行動するだろうか。なんて言うだろうか」と思いを馳せてみてください。

これまで読んだ本、観た映画やドラマの中で、どんなストーリーが一番好きですか？

そのストーリーのどんなところが好きなのでしょうか。どんなシーンが最も心に残っていますか。登場人物のどのようなセリフに一番感動しましたか。そのストーリーは、あなたが生きていきたい人生のストーリーに近いと考えられます。

Tさんは、ロビン・ウィリアムスが主演をつとめた「パッチ・アダムス」という映画に衝撃的な感動を受けたといいます。この映画は、病院で活躍するホスピタルクラウン（ピエロ）を始めた人物をモデルにした物語です。愛とユーモアで、患者のみならず、家族や医療関係者も笑わせることで、病院にいる人々の幸福感を高め、ひいては治療効果を高めるという役割を果たすのが、ホスピタルクラウンです。

アダムス氏は、非常につらい経験もしているのですが、愛と笑いが人々をケアするという強い信念を、生涯貫き通します。Tさんが共感し、感銘を受けたのは、この「どんなことがあっても、強い信念を貫き通す」という思考特性です。この思考特性を持つ人の内面には、中核となる強い価値観があります。この価値観のためには、多少の犠牲もいとわないところさえあります。利他の精神にあふれ、ブレることがありません。Tさんは「パッチ・アダムス」という映画と、実在したアダムス氏に自分を重ね合わせ、自分の信念に従って、発展途上国の小さな村で、学校の先生をやっています。

どんな場所・どんなシチュエーションが好きですか？　楽しいですか？　テンションが上がりますか？

場所というのは、意外に重要な要素です。都会っぽい洗練された場所が好きな人、自然が多いのんびりした場所が好きな人、広々とした場所が好きな人、狭い基地のような場所や、細々としたモノに囲まれていたほうが落ち着く人、色々です。

例えば私の友人は、地方の、まわりに何もない環境で育ったために、都会への憧れがとても強かったと言います。そのため、丸の内の最新ビルのオシャレなオフィスで働けるだけでもテンションが上がり、毎日仕事に行くのが楽しいと言っていました。と思えば、他の友人は、都会のセカセカした雰囲気がとにかく苦手。大学を出てしばらくは東京で働いていましたが、早々に田舎に移住し、広い庭のついた広い家を買って、自家農園なんかも作って楽しく生活をしています。

仕事環境にしても、まわりに上司や同僚がいて、ワイワイと仕事を進めるほうが好きな人もいれば、一人で黙々と進めるほうが好きな人もいます。

家にいるのが何より好き、という人なら、在宅勤務ができる仕事を探すことも、今だったら難しくないでしょう。

大企業で、社内にたくさんの人間がいて、毎日違う人を見かけるような環境のほうがテンションが上がるのか、中小企業で、家族的な雰囲気の中にいるほうが安心できるのか、そんなところも人によって違います。

そもそも人に囲まれていたいか、人以外のものに囲まれていたいか、という選択もありますね。人以外のもの、つまり、動物や植物です。ある友人は、出会ったときは、出版社の記者として昼夜問わずバリバリ働いていましたが、子どもが産まれたことをきっかけに職種をガラリと変え、今は園丁の仕事をしています。ある施設の広い敷地の中で、植物の世話をする仕事なのですが、「毎日ひとりでのんびりと歩き回りながら、植物とだけ触れ合っている今の環境のほうが、ずっと好きだと気づいた」と言っています。

あなたは、どんな場所で、どんなシチュエーションで働いていきたいのか、そんな切り口で思い描いてみてください。

時間を忘れてしまうほど夢中になってしまうのはどんなとき？

「フロー」という概念をご紹介しておきましょう。ポジティブ心理学において、ミハイ・チクセントミハイが提唱した概念です。

「フロー」とは、「上手くできる活動に高度に没頭している時の無我夢中な状態」を指します。「ゾーンに入る」という言葉で表されたり、ピーク・エクスペリエンス、忘我状態と呼ばれることもあります。チクセントミハイは、画家が絵画の製作に取り組んでいるとき、彼が飢えや渇きや疲れといった不快感を忘れて活動に没頭しているさまに衝撃を受け、そのときの主観的な状態に興味を持ったといいます。それがフローという概念が生まれるきっかけでした。

フローには、以下の構成要素があるとチクセントミハイは提言しています。

①高度な集中
②自己認識感覚の低下（無我の境地）
③意識と行動との融合（考えていることとやっていることがぴったり合っている感じ）
④状況や活動の制御感覚（すべてをコントロールできている感じ）
⑤時間感覚の歪み（時間がたつのを忘れてしまう）
⑥活動が苦にならない

また、後から思い返せば「楽しかった」と感じる体験ではあるのですが、フロー状態にある間は、必ずしも楽しさや喜びを感じているわけではなく、無感覚に近しいといいます。

そして、フローは、最大限の能力で機能しているときの経験だといわれています。つまり、「強み」を最大限に活かせているときに、フロー状態は訪れるということです。また、自らのスキルとチャレンジしている課題とが最適な均衡状態にあるとき、フローになりやすいともいわれています。

さて、あなたが「フロー状態」になったときのことを、思い出してみてください。我を忘れて夢中になってしまった仕事はありますか？　その作業をしていたらあっという間に時間がたってしまい、「あれっ！　もうこんな時間か」と、驚いた体験はありますか？　そのようなフロー状態を体験したことがあれば、そのとき、どんな能力を使っていたかが重要です。ひとりの作業でなくても結構です。人と真剣に会話をしているときや、みんなで協力して何かに取り組んでいるときに、フローを体験した人もいるでしょう。

また、あなたはこんなことを思うかもしれません。「確かに○○をすると、すごく集中できる。でも、もろ手を挙げて○○が好きだ！　とは言いづらい。好きなことだったら、いつでもそれをやりたくなるはずなのに、○○に取りかかろうと思っても、つい逃げて掃除とか始めてしまうし、サッと始められないことのほうが多い。○○をすることが自分の強みとはいえないんじゃないか……」

そう、楽しいのに苦しいこと、好きなのに苦しいことってありますよね。いえ、むしろ、本当に好きなことほど、取りかかるのは苦しいかもしれません。本当に好きなことであれば、いい加減な気持ちでは取り組めないものです。熟達の域まで行くには、相当な努力と鍛錬が必要なことがわかっているからです。努力と鍛錬は、つらいですからね。努力と鍛錬をしないで、ＹｏｕＴｕｂｅでも見ていたほうが楽です。躊躇して躊躇して、でもやっぱり頑張りたい、全身全霊をかけたいと奮い立つときが、いずれ必ずやってきます。そして、思い切ってやり始めてしまえば、たちまちフロー状態となるのです。それが、あなたの本当に好きなことであれば。

SECTION

04 自分に思いやりを向ける

あなたが感じることはすべて正解である

過去のことを思い出すという作業を続けていると、人によっては、つらい思い出が甦ってきてしまうこともあると思います。固く蓋をしていた思い出が、溢れてきてしまったかもしれません。

思い出したくないことは、無理に思い出さなくて大丈夫です。

また、甦ってきてしまったつらい思い出は、無理に良い思い出に変えようとしなくていいです。

ネガティブな感情が湧いてきてしまうことを、自分に許してあげていいのです。怒りであっても、悲しみであっても、あなたが感じる感情は、すべて正解です。どんな感情であっても、あなたにはそれを感じる権利があります。自然と湧き上がる感情は、あなたの本音です。本音を無理に抑えつけようとすると、無意識の領域で手が付けられないほど大きくなってしまう可能性があります。感じないようにしようという努力は、逆効果になります。湧いてきた感情を否定しようとすればするほど、その感情に支配され、コントロールが難しくなるのです。そしていずれ、爆発するときが来ます。

特に子どもの頃から、「男のくせに泣くな」と叱られたり、「女の子なんだからおしとやかであれ」と期待されたり、身近に嫌いな人がいるのに好きなふりをしなくてはいけなかったりすると、自分の感情のほうが間違いなんだ、こんなことを感じる自分は悪い子なんだ、と思い込むようになります。そのまま大人になると、自分の感情は基本的に悪いものだと、即座に否定する癖がついてしまいます。

感情に、いいも悪いもありません。湧いてきた感情は、どんなものであれ、否定せずに、抱きしめてあげてほしいと思います。そう感じた自分自身を、受け入れ、許してあげてほしいのです。「今、そう感じているんだね。わかったよ。そうだよね。つらいよね」と。

そうすると、感情に乗っ取られずにすみます。もし、ネガティブな感情に乗っ取られてしまうと、どうなるでしょうか。それは行動に移ってしまいます。すべての感情は許されますが、すべての行動が許されるわけではありません。大好きな恋人から別れを告げられたとき、どんなにでも悲しんでいいのですが、悲しみのあまり、ストーカーに変身することは許されない。そういうことです。

自分に優しくする

セルフ・コンパッションという力があります。アメリカの心理学者、クリスティン・ネフが提唱した概念です。

コンパッションとは、仏教における慈悲の「非」を指します。

「慈」……万物の幸福を願う心。

「悲」……生きたいと願う万物を思いやり、苦しみを取り除きたいと願う心。

つまり、セルフ・コンパッションとは、生きたいと願う自分自身に思いやりを向け、苦しみを取り除く力のことです。

セルフ・コンパッションは、3つの要素で成り立っています。

「マインドフルネス」・「共通の人間性」・「自分への優しさ」の3つです。

- マインドフルネス……今経験していること、今感じていることを偏りなく受け入れ、バランスのとれた見方をするスキル。「苦しんでいる自分」が自分なのではなく、「苦しんでいることに気づいている自分」が自分である、という考え方をする。後者を「観察する自己」という。苦しいときも、楽しいときも、その奥には、今自分は苦しいんだな、楽しいんだな、と気づいている自分というものが存在する。その「気づいている意識」こそが、真の自分である。マインドフルネスの状態になると、「気づいている意識」「観察する自己」が前面に出てきて、苦しみや悲しみをただの現象として、静かに、穏やかに眺めることができる。
- 共通の人間性……仏教からきている考え方。自分だけでなく、他者も同じように完壁ではなく、苦しんでいることを認識すること。苦しんでいるのは自分だけではないと知ること。完璧ではないという一点において、人間はみんな同じ仲間であり、自分は全体と繋がっていると認識すること。

- 自分への優しさ……自分に思いやりを向け、優しい言葉、励ましの言葉をかける。自分をケアするスキル。

これまでずっと、あなたの「強み」に目を向けてください、ということをお伝えしてきました。これは、あなたの「弱さ」から目を背けてください、ということではありません。むしろ逆です。自分の弱い部分、嫌な部分、ネガティブな感情、そういうものから目を背け、無理やり蓋をしていると、結局はより一層、それに囚われてしまいます。そのためにいつまでたっても自分に自信が持てず、自分の強みに目を向けることができません。

とはいえ、「ありのままの自分を受け入れてください」というのも、かなり難しいことだと思っています。自分の中の嫌な部分を好きになれ、と言われても難しいですよね。無理に蓋をするでもなく、無理に肯定するでもなく、思いやりを向けようとする。それがセルフ・コンパッションです。

自分の良い側面だけを見ようとしがちな「自己肯定感」とも違い、良い側面にも悪い側面にも、ただ優しく接するということです。

例えば、仕事でひどく失敗してしまったとしましょう。あなたは、「どうしてこんなミスをしてしまったんだ！　もっと気をつけていれば！　私はバカだ！」と、自分を責めます。そういうとき、ちょっと立ち止まって、もしそれが、自分の大切な友だちが体験していることだったら……と仮定してみてください。友だちが、同じように仕事で失敗して、自分をめちゃくちゃ責めていたら、あなたはなんと声をかけるでしょうか。自分に言っていた言葉と同じ言葉をかけますか？　それとも「そういうことは、誰にだってあるよ。また次に頑張れば大丈夫だよ。そんなに落ち込まないで……」と、慰めたり、励ましたりしようとするのではないでしょうか。

その言葉を、自分にかけてあげましょう。その体験を「失敗は成功のもと！」なんて、無理に肯定しなくてもいいのです。でも、「ああ、そんな失敗をしてしまったら、つらいよね。ショックだったよね」と、優しい言葉をかけてあげてほしいのです。なぜなら、自己批判は、何も生まないからです。また同じ失敗を繰り返さないために、適度な反省は必要ですが、過度な自己批判は心の力を弱めるだけです。セルフ・コンパッションは、失敗への恐怖心を和らげ、失敗しても、また立ち直るための力をくれます。

「自分への思いやり」などというと、「それは自分を甘やかすということではないか」と、抵抗感を示す人もいますが、逆です。自分に思いやりを向けると、傷ついた心が癒され、刹那的な快楽に逃げることがなくなり、自立的に行動しようという力が湧いてきます。積極的になれます。他者の苦しみにも優しい心が持てるようになります。そして、自分の「強み」に、目を向けようという元気が出てきます。

セルフ・コンパッションのコツは、「自分の本当の気持ちに気づく」ということです。本音から出てくる感情に気づく、ということです。

苦しいときというのは、自分の奥底にある本当の望みが満たされていないときです。

愛してほしかったのに、愛してもらえなかった。

認めてもらいたかったのに、認めてもらえなかった。

安心させてほしかったのに、安心できなかった。

それら本当の望みに気づいてしまうと、もっと苦しくなると思って、気づかないようにしているのです。でも、気づかないふりをしている限り、心が満たされることはありません。自分は本当は何を欲しがっていたのかに気づき、それを自分に与えてあげることが必要です。必ずしも、他者から与えてもらう必要はありません。自分で自分の気持ちを抱きしめるのです。イメージの中ででもいいし、実際に自分で自分を抱きしめることもお勧めです。「つらかったね。頑張ったね」と声をかけ、「本当はこうしてほしかったんだよね」と認めてあげてください。

私たちはずっと、自分に厳しすぎました。傷ついた心を癒し、本当の気持ちを満たしてあげましょう。そして、前を向く力、自分の強みに目を向ける元気を取り戻しましょう。

第4章まとめ

「私はこれまで、こんなストーリーを生きてきた」……これまでのあなたのストーリーが、だいぶ鮮明に見えてきたのではないかと思います。過去のストーリーの中で、あなたがどんな経験を乗り越え、どんなものが好きで、どんな感情を抱いてきたか、思い出していただきました。そこから、あなたの特性、性格の強みが、改めて浮き彫りになってきました。

第3章では、今現在の立ち位置を確認していただきましたが、今現在のあなたは、過去のストーリーラインがあって、そこにいます。過去の自分をねぎらい、今現在の自分がどんなストーリーのさなかにいるのかを確認できたら、次に見るのは、未来です。いよいよ次章から、このストーリーがどんな未来に向かっていくのかを考えていきましょう。

CHAPTER 05

あなたの人生のストーリーのテーマ

SECTION

01 あなたの「強み」と人生のテーマは繋がっている

あなたの人生に課されたテーマとは

過去と現在を振り返っていただきましたが、ここに至るまでのストーリーの中で、一貫した軸とは、何だったでしょうか。常にあなたの胸にある「思い」、あなたの一番深くにある「思い」とは、どんなものでしょうか。

それがあなたの「人生のテーマ」です。あなただけの価値観であり、ライフストーリーを貫く「金の糸」です（ギリシャ神話では、人生のテーマのことを「金の糸」と呼びます）。

あなたはどうありたいか。

何のために生きるのか。

あなたが人生においてい価値をおいているものは何か。

人生が、あなたに訴えかけ、果たしてもらいたがっていることは何か。


その答えとなるキーワードを探していきましょう。

いつも心の支えにしているような座右の銘があれば、それも大きなヒントになります。


例えば私であれば「きみは産み落とされたシアワセ」という言葉が、座右の銘です。

太田朋さんというイラストレーターのポストカードに書かれていた言葉です。この一枚のポストカードを見たとき、魂に優しい衝撃が走りました。

私には「あなたに、生きていてほしい」という強烈な思いがあります。この世界を、生き延びてほしい。生き延びるだけでなく、できれば元気に生きていてほしい。幸せでいてほしい。誰からも侵されず、誰からも奪われず、ただあなたのままで。

その思いがどこから来たのか、正直わからないのです。わからないのに、それを誰かに「伝える」ことが人生のテーマなのだと、心が感じています。

「きみは産み落とされたシアワセ」という言葉は、人は、産まれてきただけで、何もしなくても、無条件にシアワセな存在なのだというメッセージを感じます。「産まれてこられてありがたく思え」ということではありません。産み落とされたときからシアワセであれと祝福され、守られ、尊重されるべき存在なのだ、という意味に私は受け取っています。誰かをシアワセにすることができるような存在なのだ、という意味にも受け取っています。シアワセになるために産まれてきたのだ、という意味にも受け取っています。

だから「あなたに、生きていてほしい」。あなたは、産まれたときから、そのような存在だからです。

私が子どもを育てるときも、心がけているのは、子どもが産まれたときから持っている生きる力、生きる元気を、親のエゴや親の都合で奪わないようにする、それだけです。

あなたから生きる力、生きる元気を奪うような人がいるとしたら、私は激しい憤りを感じます。人から尊厳を奪うような行為をする人がいることに、深い悲しみを覚えます。けれども、今この瞬間にも起きているかもしれないそういう行為に対し、私はどうしようもなく無力です。「それでも、あなたに生きていてほしい」のだと、伝えることしかできません。それしかできないけれど、だからこそ、強烈に「伝えたい」と思うのです。

「あなたに、生きていてほしい」と「伝える」のが、私の人生のテーマだとして、どうしたらそれが実現できるのか。それを考えたり、探ったり、そのために努力したり、挫折したりする道は、時に、もがくように苦しいものです。人生のテーマを生きるのは、時に、とても苦しい。でも、この本を通じて、あなたにその思いの一片でも伝えることができたなら、私は魂が震えるほど嬉しいのです。

あなたに苦しい道のりを強いるのも、真の喜びをもたらすのも、「人生のテーマ」なのです。

キャリア・アンカー

人生のテーマとなるキーワードを探すとき、「キャリア・アンカー」がヒントになるかもしれません。アメリカの組織心理学者、エドガー・シャインによって提唱された概念です。

「キャリア・アンカー」とは、個人がキャリアを選択する際に、自分にとって最も大切で、これだけはどうしても譲れない、犠牲にできないという価値観や自分軸を指します。これは一朝一夕に決まるものではありません。ひとつひとつキャリアを積み重ねながら、長い年月をかけて構築されるものです。完成までに長い時間がかかる分、完成した後は、揺るぎにくいものとなります。周囲や環境が変化しても、自分の内面にあるキャリア・アンカーは揺るぎにくいといわれています。そして生涯にわたり、その人の意思決定に影響を与え続けます。

アンカー（Anchor）とは「船の錨」の意味です。錨の役割は、船を水上の一か所に留めておくだけでなく、船を急旋回させる、スピードを落とすといった用途にも使われ、舵取りの要とも言われています。

つまり、キャリア・アンカーとは、あなたのキャリアの要であり、キャリア構築という航海の舵取りをしてくれる大切な価値観、ということになります。

「どんな風に働きたいか」「どんな生活を送りたいか」「どんな人生にしたいか」といった「How」の側面からキャリアの軸を見定める概念なので、当然のことながら、あなたの強みと密接に関連しています。

エドガー・シャインは主なキャリア・アンカーを「全般管理能力」「専門・職能別能力」「保障・安定」「起業家的創造性」「自律と独立」「奉仕・社会への貢献」「純粋な挑戦」「ワーク・ライフ・バランス」の8つに分類しました。

自分の志向はどのカテゴリに合致するか、考えてみてください。

①全般管理能力

組織の中で責任ある役割を担うこと：集団を統率し、権限を行使して人やモノを管理し、組織の中で責任ある役割を担うことに幸せを感じます。

簡単に言うと出世して管理職に就くのが自分にとって最善だと考える人です。このタイプの人は、問題解決やマネジメント、人の世話をするのが好きな傾向にあり、責任を負うことで成長します。

②専門・職能別能力

自分の専門性や技術が高まること：特定の分野で能力を発揮し権威になること、自分の専門性や技術が高まることに幸せを感じます。

簡単に言うとエキスパート（専門職）になることを選ぶ人です。一つの分野において新たな課題を見つけては挑戦をし続けることで成長していき、正確かつ生産性高く仕事を進めます。

③保障・安定

安定的に1つの組織に属すること：1つの組織に忠誠を尽くし、社会的・経済的な安定を得ることに幸せを感じます。

簡単に言うとプロサラリーマンです。生活においてもっとも重要な要素は「継続性」と「安全性」だと考えます。また、できる限りリスクを回避しようと考えますので、転職を考えることはまれで、社会人生活を1つの企業で全うする人が多いです。

④起業家的創造性

クリエイティブに新しさを生み出すこと：リスクを恐れず、クリエイティブに新しいものを創り出すことに幸せを感じます。

簡単に言うとクリエイターや起業家になる人です。新しい発明や新しい事業の創造を好みます。常に新しいものに目が向いていますので、日常的な管理や運営に余り興味がなく、会社を起こしたとしても、経営は他の人に任せる傾向があります。

⑤自律と独立

自分で独立すること：組織のルールや規則に縛られず、自分のやり方で仕事を進めていくことに幸せを感じます。

簡単に言うと、フリーランスや士業や研究職を選ぶ人です。自らの内的動機づけに基づき、自走することが得意です。細かく管理されたり、場の空気に従うことは苦手であり、一人で仕事をするほうが本領を発揮します。

⑥奉仕・社会への貢献

社会を良くしたり他人に奉仕したりすること：社会的に意義のあることを成し遂げたり、他人の役に立つことに幸せを感じます。

簡単に言うと、人に関心がある人です。自身の能力を発揮することよりも、いかに社会や人の役に立つかということが大事です。社会福祉や教育者、カウンセラーや人材業界など、人に関わる仕事に就く傾向があります。

⑦純粋な挑戦

解決困難な問題に挑戦すること：解決困難に見える問題の解決や手ごわいライバル

との競争に幸せを感じます。

簡単に言うと、根っからのチャレンジャーです。全力で挑める困難な問題と、そこから得られる刺激をこよなく愛します。ライバルがいると、より一層燃えます。今の仕事ができるようになると次の仕事を探す傾向にあり、一貫性のない多様なキャリアを積む可能性があります。

⑧ワーク・ライフ・バランス

自分と、家族と、仕事との調整をすること：自分個人のしたいこと・家族を大切にすること・仕事のバランスがとれていると幸せを感じます。

簡単に言うと生活様式を大切にする人です。こだわりのライフスタイルがあり、仕事の忙しさがそれを侵すことを嫌います。時には仕事よりもプライベートや家族を優先し、長期休暇を取って旅行に行ったりします。在宅勤務など柔軟な働き方ができる職場を好みます。

あなたの「ありたい姿」が見えてくる2つの質問

あなたの人生のテーマを見つけるための、究極の質問があります。

「今、あなたは魂だけの存在となって、天に旅立つ前に、自分のお葬式を上から眺めています。あなたのお葬式に、親しかった人々、愛する人々が集まってくれています。そこに集った人々に、あなたはどんな人だったねと語られたいでしょうか」という質問です。

あなたの人生のストーリーの、まさにラストシーンです。どんなラストを迎えたいでしょうか。

私の父は生前、「社会貢献をしたい。これまで自分が社会から受けた恩を、次世代の人に返したい」といつも言っていました。実際、旅立つ直前まで、周囲の人々のための活動を続けていました。そして父のお葬式には、父に「助けられました」という方々が、たくさん集まってくれました。家族葬なので……とお伝えしても「なんとか一目だけでも」という方々が、会場から溢れるほど集まってくださったのです。父はそれを見て、きっと満たされた気持ちで旅立っていったことでしょう。「○○な人だったね」と、お葬式で語られる……この○○には、どんな言葉が入っていてほしいでしょうか。

「いい車をたくさん買った人だったね」とか、「お金を上手にたくさん稼いだ人だったね」などと語られても、余り嬉しくはないかと思います。

こんなふうに生きた人だったね……。満たされた気持ちで旅立つための生き方を、想像してみてください。


こんな質問もあります。

「明日、もし命がなくなるとわかっていたら、今日、あなたは何をするでしょうか」

ではそれが1か月後だったら？　1年後だったら？　そう考えていく先に、「もし100歳で命がなくなるとしたら、今日、何をするだろうか」という問いはあるのです。

いきなり100歳といわれると、「まだまだ先のこと」と思ってしまい、現状を変えようという焦りは生まれません。ですが、寿命はいつ来るのか、誰にもわからないのです。今のままの現状が続いたとして、命がなくなる瞬間、あなたは後悔しないでしょうか。

こんな2つの問いから、あなたの「ありたい姿」を思い描いてみてください。

「強み」は人生のテーマを実現するために与えられている

さて、ここで、「強み」と「人生のテーマ」との関係をお話しておきましょう。

私はかつて、四国八十八箇所のお寺を、歩き遍路でまわったことがあります。まだ若いときでしたので、歩きだけではどうしても野宿になってしまいそうな日には、電車やバスも利用しましたが、ほぼ歩きでお遍路を結願しました。7月から8月にかけてという真夏の時期だったこと、前の会社を辞めた直後でそれまでろくに運動をしていなかったこと、荷物のチョイスが素人でリュックサックが異様に重かったことなどがあり、途中、幾度となく体力の限界を感じました。道端で、文字通り立ち上がれなくなるのです。どうしよう、もうダメかもしれない……と一人泣いてみたところで、いずれまた立ち上がって進むしか、道はありません。そんなふうに、一日、また一日と何十キロも歩くうち、不思議な心持ちになっていきました。

「なんで私は、こんなふうに歩けるのだろう」

「なんで私は、こんなふうに歩ける健康な体を与えられたんだろう」

「なんで私は、ちゃんと育ててくれる愛情深い親や優しい周囲の人たちに恵まれたんだろう」

「なんで私は、こんなふうに幸せを与えてもらえたんだろう」

そしてある瞬間、大地に水が染みわたるように、理解できたのです。それは、この体、この心を使って、人の役に立つためだ、と。

四国一番霊山寺の住職が、最初に教えてくれていました。

「自分のためにこの一生があるのではなく、人の為に役立てるためにこの身体がある。

この身体が健康に動く限り、最後の瞬間まで、仏様に代わって働く。

その誓いが、私たちを仏様やお大師さんに近付けてくれるのです」


私が幸せなのは、私自身のためじゃない。

その幸せから湧いてくる力で、世の中の役に立つためなんだ。

頑張って働いて、少しでも他人の役に立つためなんだ。

私の力は、「人が幸せになる仕事」に使うためにある。

その力が最大限発揮されるために私は幸せであるべきだし、幸せでいられるよう、仏さまも私を守ってくれる。

自分の幸せと他人の幸せ。どちらが先というものでもない。

つきつめると、同じもの。

それが人間の生き方の本来の「在りよう」なのかもしれない。

……そんなふうに、感じたのです。

お寺という場所も、遍路の白装束も、「死」をイメージさせるものでした。

杖をつくたび響く鈴の音は、あの世へ一歩一歩近づく道程をイメージさせます。

だからこそ、「生」を考えさせられました。
「死」に向かっていく「生」を、一日一日、どう生きるのかということを。

私にも何かしら「強み」があります。それは、「人が幸せになる仕事」をして、自分も幸せでいるために与えられたものだと思っています。

あなたの「強み」も、いわば、神さまがあなただけに割り当てた、神さまからの贈り物です。あなたには人生のテーマがあり、そのテーマを生きられるだけの「強み」を、神様から与えられているのです。

人生は、あなたにテーマを果たしてもらいたがっています。だから当然、そのための武器を与えてくれているのです。

ですから、「強み」を突き詰めていけば、「本当にやりたいこと＝天職」が結果的に見つかる可能性が高いというわけです。

もう一度言います。「好き」と「上手くできる」と「人生のテーマ」が一致する分野、それが「天職」です。

SECTION

02 あなたにとっての「幸せ」と優先順位

幸せには実は色んな種類がある

ところで、「幸せ」というのは、漠然とした言葉です。人によって、「幸せ」の定義は違うと思います。

ポジティブ心理学の最新の研究では、幸せな状態というのは、3種類に分けられるといいます。

①「快」の幸せ

五感で味わう幸せです。

美味しい、楽だ、気持ちいい、心地いい、楽しいなど、即時的に味わえる幸せです。

これは、人生を楽しむスパイスとしては非常に重要なものです。

ただし「快楽は踏み車」だということが、心理学の研究でわかっています。確かに、美味しいケーキを食べたり、好きな人と結婚したり、可愛いとチヤホヤされたり、宝くじに当たってお金持ちになったりすれば、その瞬間はとても幸せです。でも、その幸せは長くは続かないのです。なぜなら、人は快楽に慣れてしまうからです。専門的には「快楽順応」というのですが、「状況・状態」がもたらしてくれる幸福感には、それがどんなに望んでいたものであっても、いずれは慣れてしまいます。それを持っていることに、慣れてしまうのです。例えば、欲しくて欲しくてたまらなかった腕時計を手にいれても、買った瞬間の幸福感が続くのはいったいどれくらいの時間なのか、考えてみればわかると思います。

慣れないように努力することは、ある程度可能です。ですが、「快楽順応」が非常に強烈な力であることは、数々の研究によって示されています。

慣れたあと、どうなるのでしょうか。戻っていくのです。あなたがもともと持っている「幸福感の基準値」に戻っていきます。まるで、踏み車を踏むように。

そして、この「快」の幸せばかりを追い求めていると、もっともっとと、より刺激が強い快楽を求めるようになってしまう、ということもわかっています。

②「生きがい」の幸せ

これが「人生のテーマ」を生きる満足感、充実感としての幸せです。
自分の強みを活かして、自分にとって価値があると思えることに打ち込む幸せのことです。目標に向かって努力を積み重ねる行動と、困難を乗り越えた時や目標を達成した時の充実感から発生するポジティブな感情を指します。

この幸せを知っていると、努力の途中で出会うであろう苦労や困難も「幸せになるためのプロセス」と捉えられるようになります。

この幸せを感じるためには、どうしても努力することが必要になりますし、長い時間もかかります。ですので、どうしても①の「快」の幸せに逃げたくなってしまいますよね。時々は、「快」の幸せで自分にご褒美をあげつつ、深い喜びや自分の内側に蓄積されていく幸せを得るために、多くの人が「生きがい」の幸せを追って頑張っています。

③「今を生きる」幸せ

これまで長いこと、「快」と「生きがい」、この2つが幸せの種類と言われてきました。ですが最近では、もうひとつの幸せが加わっています。

それは、今を生きる幸せです。マインドフルに生きる幸せともいえるでしょう。安らぎと感謝の幸せです。何も生み出さず、何も達成しなかったとしても、今ここに生きていることだけで感謝の気持ちがあふれ、満足できる生き方です。特別な刺激は必要としません。日常の中で感じる幸せです。

水、大地、太陽、風、食べ物、人……万物によって自分が生かされている。そのことに、深い喜びと感謝を感じられます。

お遍路の最中、私も確かに、そんな境地にいました（帰ってきて間もなく、また煩悩が甦ってきましたが……）。もしかしたらこの幸せが、生き物として最も本質的な幸せなのかもしれません。

あなたにとっての幸せとは

本書は②の「生きがい」の幸せについて、これからのキャリアという視点できちんと考えてみたい、という人向けだと言えます。ただ、①②③どの幸せも、人によってバランスの違いはあれど、大切なものだと思います。自分がしっくりくる幸せの配分を、改めて見直してみるといいですね。

ひとつ重要なことは、自分の幸せを追及することをためらわないでほしい、ということです。なぜなら、あなたが真に幸せであれば、その力で、他の人も幸せにすることができるからです。「幸せになりたいな〜」なんて、軽く口にすることはあっても、実際には、自分が幸せになることを自分に許していない、という人が多いのです。「そんなことはないだろう。誰だって幸せになりたいと思っているだろう」と、思いますか？　でも、働く人々を見ていると、あえて自分を幸せから遠ざけているような人が、たくさんいます。

「○○すべき」という義務感にがんじがらめになり、自分の願いや欲求は後回しの人。

目標達成することだけに重きを置いて、目の前の楽しみや喜びを一切我慢してしまう人。

短期的な快楽を追うことしかせず、将来的に破滅する可能性には目を背け続ける人。

そもそも自分なんて幸せになれるはずがないと、はなから諦めてしまっている人。

どうしてそうなってしまうのか、わかりますか。

自分をしっかり見てあげないからです。自分をわかろうとしてあげないからです。自分のことを真剣に考えてあげていないからです。目の前の現実だけに気をとられ、人生のストーリーを、俯瞰で見ようとしていません。

だから、本書では、一貫して、本当のあなたを見つめてほしいと、お願いしています。物語を読むように、自分の今と、これまでと、これからを、丁寧に読んでみてほしいのです。

自分を見つめるのって、嫌な部分に直面したり、苦しいことに挑戦しなきゃいけないことに気づいたりして、つらいことでもあるのですが、自分が本当に望んでいることに気づくことでもあります。

ですからここで、「幸せリスト」を書いてみましょう。こんなことができたら、こんなところに行けたら、こんなふうになったら、こんなものが見られたら、私はとても幸せだなというものを、リストにしてみてください。

カテゴリは「ひとりで楽しむこと」「家族で楽しむこと」「人とのつながり」「仕事」「学習」「心身」「日々の暮らしの中で」などに分けて考えてみるといいでしょう。やってみるとわかるのですが、リストを書いていくだけでも、どんどん楽しくなってきますよ。

そして、「幸せリスト」に優先順位をつけてみます。譲れないものから順番に、順位をつけてみてください。優先順位は、年齢や環境が変わると、変動するものだと思います。例えば、独身の頃は「仕事」カテゴリのものの優先順位が高かったけれど、結婚して子どもが産まれると、子どもが小さいうちは「家族で楽しむこと」カテゴリの優先順位が高くなるなど、その時その時で優先したいものは変わります。あくまで今の順位で結構です。

優先順位が上位に来たものをやるために、必要なことは……？　と考えていくと、具体的に行動ができるようになります。

次章では、具体的な行動を起こしていくためにはどうしたらいいのかを、さらに考えていきましょう。

第5章まとめ

「私の人生のテーマとは何なのか」という問いは、「私はいったい誰なのか」という問いに限りなく等しいものです。「私はいったい誰なのか」という問いは、有史以来、人間が抱える最大の問いなのではないかと思っています。

人類最古のストーリーは「神話」ですが、神話というものは、「私たちは、どこからきたりて、なんのために生き、どこへ帰っていくのか」という問いに答えるものとして生まれています。神話はその民族のアイデンティティを形成する上で重要な役割を果たしています。全大陸を見渡してみても、神を持たない民族は多くあれど、神話を持たない民族は極めてまれです。逆に言えば、私たちは寄って立つストーリーがないと、意味ある生を生きられないのです。

何かすごいことを成し遂げようとしなくてもいいのです。自分の人生を愛し、テーマとともに、生きていきましょう。

CHAPTER 06

未来の自分を構築する

～あなたはこれから、どんなストーリーを生きていきたいですか～

SECTION

01 どこに向かっていくのか

キーワードの掛け算

まずは、市場におけるあなたの価値を具体的にしていきます。

「人生のテーマ」は、いつもストーリーの根底に流れています。

そのうえで「○○が得意である×○○という思考特性がある×○○をする行動特性がある×○○が好き×○○の経験がある×○○の業界には詳しい×○○の知識が豊富……」と「掛け算」にすることで、人とは違うオンリーワンのあなたの像が見えてきます。

例えばNさんの例です。

「論理的に物事を考えるのが得意である
×常に確かな根拠を求め、偏見を持たず、事実を分析的に評価しようとする思考特性がある（感情で物事を判断しない）
×複数の視点から物事を考えるので、判断を急がないという行動特性がある
×文献や論文や本を読み込むことが好き
×地道な作業は苦にならない
×医療業界で働いた経験があり、業界に詳しい
×心理学や健康分野の知識が豊富……」

さて、Nさんの現在の職業は何でしょう？　答えはライターです。世間の人々に広く健康や医療の最新知識を伝える実用書を出版しています。特性からすると、弁護士や研究者なんかも適職であるような気がしますが、Nさんの人生のテーマは「ひとりでも多くの人が、正しい知識を持って健康になる手伝いがしたい」だったために、広く人々に自分の知識を伝えられるライターという職業に辿り着いたのでしょう。

次に、Ｉさんの例です。

「バラバラな素材を整理したり、その中からいいものを抜き出したり、ストーリー立てて編集したりするのが得意である

×いったん集中すると、寝食を忘れるくらい作業に没頭できる

×常にワクワクしていたい、情熱を燃やしたいという思考特性がある

×頑張っている人を熱烈に応援したい、という行動特性がある

×可愛いもの、美しいもの、キラキラしているものが大好き

×動画編集の専門学校に通っていた経験があり、専門技術がある……」

さて、Ｉさんの現在の職業は何でしょう？　答えは、アイドルのプロモーションビデオなどを作る動画クリエーターです。最初は組織に所属して仕事をしていましたが、応援しているアイドルの仕事に関わり続けるために、フリーに転身して仕事を続けているとのことです。Ｉさんの人生のテーマは「ダイヤの原石を見つけて、輝かせること」です。

NさんもIさんも、掛け算の途中では、どんな職業の人なのか、なかなか想像がつかなかったのではないでしょうか。それは当然で、NさんもIさんも、適職だけで考えれば、違う仕事がいろいろ考えられるでしょう。そこに「人生のテーマ」が加わったとき、自分にとって「これだ！」と思える仕事に出会えるのです。

具体的な仕事は「他人軸」で考える

さて、いよいよ具体的な仕事を考えていく段階になりました。

ここで初めて「他人軸」を入れます。

仕事である以上、それを求めている人、それを喜んでくれる人の存在が絶対的に必要です。あなたの「強み」そして「人生のテーマ」と、「社会のニーズ・課題」や「他人のお困りごと」が交わっている分野を探す必要があります。

「誰かにこれをしてあげたい」「誰かにこれを届けたい」と願う気持ちがあれば、それを喜んでくれるであろう「誰か」はどこにいますか。

社会全体を見渡したときに「こうであればいいのに」「こうあるべきなのに」と、あなたが不満を感じる社会課題は何でしょうか。

誰の、どんなお困りごとを解決してあげたいと願いますか。

どんな立場の人に心を寄せていますか。その人は今、自分の周りにいますか。それともまったく別の場所にいるのでしょうか。


起業を考えているあなたは、すでに整理できているかもしれませんが、

「誰に」

「どんな手段で」

「どんな強みを使って」

「何を」

「いつから」

「どこで」

「どんな目的で」

「どのくらいの規模で・どのくらいの数を」

届けたいのか。今一度、整理してみてください。

例えば、人をおもてなしするのが好きなJさん。自分には絶対に接客業が向いていると思い、新卒で就職活動をする際には、ホテル業界を第一志望として、見事、ハイグレードなシティホテルに入社しました。ホテルの仕事は、礼儀作法や立ち居振る舞いの美しさ、基本的なマナーや敬語のルールなどが身につきますし、訪れるお客様に合わせて時には臨機応援に対応しなければならない仕事にも、やりがいを感じていたそうです。お客様のご要望を先回りして察知することや、お客様のお話を丁寧に聴くことも得意でした。しかし、数年間働き、ベテランに差し掛かった頃から、どこかしら物足りなさを感じ始めました。ホテルで出会うお客様は、一期一会。都心の高級ホテルなので、毎日多くのお客様が訪れ、同じお客様を複数回お迎えするケースはまれです。また、一人のお客様と深く関わる機会というのも、余りありませんでした。その時その時で感謝されることはあっても、お客様と表面的なお付き合いしかできないことに、Jさんは物足りなさを感じていたのです。そこで、Jさんは改めて、自分の志向を整理してみました。

「誰に」……大変な日常から離れ、ひと時の安らぎや癒しを求めている人たちに。特に、家事や育児と仕事の両立で日頃は自分を気遣う余裕がないような女性を対象に

「どんな手段で」……自分の専門的なスキルや知恵を使って、お客様に直接接することで

「どんな強みを使って」……相手の気持ちを気遣うことができる、相手の話をゆっくり聴くことができる、相手にリラックスしてもらえるような雰囲気を作れるという強みを使って

「何を」……お客様がホッとできるような時間や空間を

「いつから」……数年後くらいの近い将来に

「どこで」……今のホテルほどとは言わないまでも、高級感や非日常感のある場所で

「どんな目的で」……疲れている人々にひと時でも安らぎや癒しを感じてもらうために

「どのくらいの規模で・どのくらいの数を」……人数はたくさんでなくていいので、同じ人に何回も来てもらえるようにしたい、じっくりとお付き合いがしたい

このように自分の思いを整理してみたＪさんは、何年かの準備期間を経て、自宅での開業に踏み切りました。

ネイリストの専門学校に通い、同時に、アロマテラピーとハンドケアセラピストの資格を取得したのです。軌道に乗るまでには当然苦労もあったようですが、今は、自宅の一室をセンスの良いサロンにして、定期的に通ってくれる常連のお客様を抱えています。ネイルやハンドをケアしながら、お客様とおしゃべりをして、時にはお客様の悩みを聴くこともあります。「ここに来ると、手だけじゃなくて、心も癒される」というお客様がたくさんいて、Ｊさんはとても充実感を感じているそうです。

SECTION

02 改めて選択肢を考える

キーワードの掛け算と、「他人軸」で考えた志向整理で、具体的な仕事のイメージが、だいぶ描けてきたことと思います。

ここで、改めて実現の手段について、選択肢を考えていきましょう。

起業の場合(フリーランスを含む)

メリット

「本当にやりたいこと」で「強み」を活かせそうである、人生のテーマに沿っている、その事業に市場性がある、顧客層がすでに描けている、とにかく自分ですべてコントロールしたい、資金繰りの目途もついているという場合は、起業にGOサインを出すことになるでしょう。一国一城の主になるというのは、起業ならではの醍醐味ですよね。

デメリット

一方で、起業をしたら、誰にも縛られず、しがらみもなく、自由に自分の好きなことができるとイメージしていると、ちょっと大変かもしれません。企業で働いていると、仕事が細分化されているため、あなたが苦手な分野の仕事は、誰か別の人がやってくれている可能性が高いからです。苦手分野を含めて、とにかく自分ですべてやってみるという覚悟が必要になります。ただ、事業が拡大すれば人を雇えるので、苦手分野は誰かに任せる、という手もあります。また、軌道に乗らなかった場合、言わずもがな資金面のリスクがあります。

起業して軌道に乗っている友人たちに「独立するとき、こわくなかった?」と聞くと、こんな答えが返ってきました。

「こわかったけど、ダメだったら、レジ打ちでもなんでも、またできることをやればいいと思ったら、大丈夫だと思えたよ」

「最初は副業から始めて、ある程度顧客がついたとき、『あ、今ならいけるな』と、自然に思えたよ」

「仕事をくれる先にいくつか目処があったので、思い切ってフリーになれたよ」

一方で、こんなことも言っていました。

「ただ、収入の安定は、心の安定だよ。もともと不安が強いタイプの人は、完全にフリーになるのは、やめたほうがいいかも」

転職の場合

メリット

とにかく現状を変えられる、かつ経済的なリスクが少ないことです。いろいろな業種・職種で経験を積めるということもあります。

デメリット

どんなに吟味して会社を選んだとしても、入社してからでないとわからないことも多く、あなたに合う会社かどうかは、ある意味賭けだということです。「前の会社のほうが良かった……」と後悔することがないとは言えません。また、実際問題、新しい職場に適応できるかどうかは、直属の上司との相性という側面が大きく、どんな上司にあたるかは全く選べません。アドバイスとしては、安易に「職種」だけで転職先を選ばないことです。例えば一言で「営業職」といっても、扱っている商材や値段の規模によって、活かせるスキルは全く違います。あくまであなたの「強み」を活かせる仕事内容かどうかを慎重に見極めてください。活かしたい「強み」が明確になっていれば、これまでに経験のある業種や職種にこだわる必要がなくなります。その仕事において、どんな役割を、どのように果たしたいかに焦点を当ててください。転職する先の会社のカルチャーを、事前にリサーチしておくことも大切です。

今の仕事を続ける場合

メリット

よく知っている環境の中で、次の一手を模索できます。今の会社でのキャリアの選択肢を、全て洗い出してみてください。自己申告制度や異動申請やキャリアチャレンジの制度はありませんか？　自分の思いや価値観、今回再認識した自分の「強み」、今後のキャリアの希望、社内でやってみたい仕事について、率直に上司に話してみてはどうでしょうか？　上司の反応がどうだったにせよ、失うものは少ないです。できることは全て試してから辞めても、遅くはありません。

デメリット

大きな変革は望めない可能性があります。安定を捨てるのがこわい余り、「人生のテーマ」から目を背け続けることになる可能性があります。そこに居続けるかどうかのポイントは3つです。

①あなたの「強み」を活かせる仕事かどうか。
②あなたが価値を感じる仕事かどうか。
③心身の健康を維持できる仕事かどうか。

どれかひとつでも欠けるのであれば、他の選択肢を考えるのがいいでしょう。

副業をする場合

メリット

今の経済基盤は維持したまま、新しいことにチャレンジができます。ストアカ、ランサーズ、クラウドワークス、ココナラ、ＹｏｕＴｕｂｅ、メルカリ、ストアーズ、ＢＡＳＥなど、今、副業を支援するサイトもいろいろ出てきています。起業した友人も「まずは副業から始めた」というケースが多いです。いずれ起業したい人も、スモールスタートをして手応えを確かめながら進めば、リスクが小さくてすみます。

デメリット

今の仕事量をそのままに、効率化もせずに副業をプラスすると、過重労働に陥ってしまう可能性が高いです。特に、今すでに忙しい人は要注意です。思い切ってやめるべきこと、割り切ること、効率化できることを洗い出してから始めるといいでしょう。

企業で働くことが、これまでよりも面白くなるかも!?

ちなみに私は今、健康経営やウェルビーイング経営に取り組む企業のコンサルティングを仕事として担っています。

本書を手に取ってくださったあなたは、起業を考えていることと思いますが、企業は企業で真剣に、投資するに値する人財を欲しています。従業員ひとりひとりが持てる「強み」を最大限に発揮して、活き活きと働いてくれることが、企業の持続的成長のためには不可欠だと理解し始めているのです。

政府も「人的資本経営」ということを言い出しました。人的資本経営とは、人財を「コスト」や「資源」ではなく「投資対象の資本」として捉え、その価値を最大限に引き出すことで、中長期的な企業価値向上につなげるという経営のあり方です。

従来の経営においては、年功序列の賃金制度や終身雇用によって、人材の囲い込みができました。しかし、これからの人的資本経営では、組織と人財が互いに選び合う、自律的な関係へと変革していきますので、企業もウカウカしていられないわけです。

場所や時間にとらわれない柔軟な働き方もしやすくなるでしょうし、従業員がエンゲージメント高く働けるよう、企業側もさまざまな工夫をするでしょう。企業で働きながら、リスキルや学び直しができる機会も増えると思います。実際、私が接している企業の人事部の方々は、従業員のために必死で頑張っていらっしゃいます。

これまでよりも、企業で働くという選択肢に面白みが出てくる可能性がありますので、キャリア選択の際には、そのような流れがあることを覚えておいてください。

人生のテーマを自覚し、自分の強みを仕事の成果に結びつけることができ、他者に貢献したいと願っている人財であれば、どの企業も、喉から手が出るほど欲しがること思います。

心が充実するキャリア

変化の激しい時代にマッチするキャリア理論として、「プロティアン・キャリア」という考え方があります。ダグラス・ホールというアメリカの教授が提唱した概念です。プロティアンとは、ギリシャ神話のプロテウスという神に由来しています。プロテウスは、さまざまなものに姿を変える能力を持っています。そのことから、環境や周囲の変化に応じて、変幻自在に、柔軟にキャリア戦略を変えていくのが「プロティアン・キャリア」です。

とはいえ、なんの軸もなく変えていくのではなく、

「アイデンティティ（自分らしさ）」×「アダプタビリティ（変化への適応力）」

この両方の掛け合わせを大切にしています。

自分の価値観を軸としてしっかり持ちながら、変化していく社会や市場に対してどのように適応していくか、ということを考えていきます。

また、これまでのように、今所属している組織ばかりに頼ったキャリア構築ではなく、自律的にキャリアを構築していこう、という考え方でもあります。

そして、キャリアの成果として「心理的な成功」を大切にしているのが最大の特徴だと、私は考えています。一般的な成功ではなく、誰かに認められるためでもなく、自分の心が充実するキャリアを歩むことが、一番大切だと言っているのです。


これは、ポジティブ心理学の先生が教えてくれたエピソードなのですが、病院の床を拭く清掃の仕事を、何十年も続けている人がいたそうです。ある人が、「そんな仕事は辞めて、もっと時給のいい、楽で、見栄えのする仕事に移ればいいのに」とアドバイスしたところ、その人はこう応えたそうです。

「私は、床がある限り、病室のどこへでも入っていくことができます。そこにいる患者さんや家族と話をして、励ましたり、時には楽しませたりすることができます。人生で、こんなに有意義な仕事はありませんよ」

この人は、ただ、病院の床を拭いているだけではなかったのです。その仕事に、自律的に意義を付加しています。その結果、この人にとっては病院の床を拭く仕事が、他のどの仕事よりも心が充実する仕事になっています。


今回、あなたは何かしらの選択をされると思います。でもそれは最終的な選択ではないし、あなたの人生は一本道でもありません。未来の心理的な成功を考えて、現時点でベストだと思える選択をすればいいのです。

いろいろ迷うかと思いますが、最後の決め手は、未来に立つ自分の顔が輝いているかどうか。無理なく自分らしく生きているかどうか、です。


ストーリーの主人公たちは、とにかく行動するものです。とにかく進みます。

自分が映画の主人公だと想像してみると、何も動かない主人公なんて、とてもつまらないですよね。

SECTION 03

今持っているものと足りないものは？

今持っているリソースと、プラスすべきリソースを一覧にしてみましょう

動き出すためには、いったん冷静になって、リソースの整理をしてみる必要があります。

そこで、次ページの表を参考にしてみてください。

Oさんの例です。Oさんのプロフィールは、30代後半、女性、既婚、子ども1人（息子10歳）、首都圏在住。外資系マーケティング会社の正社員で、フルタイム勤務です。現在の職場は2社目で、新卒で入社した会社は、保険会社の総合職（営業職）でした。8年目・30歳のときに転職し、英語力が活かせる今の会社に入社しました。以来、丸7年勤務しています。仕事では高い評価を得ていますが、3年前にチームリーダー

たことは必ずやり切る責任感がある。
にいると感じられるような場。
めの支援をする。

プラスしたいもの	方法
日本政策金融公庫等から支援を受けることも選択肢に入れたい。	まずは最寄りの支店に相談。創業計画書を作る際のアドバイスを受ける。
あらかじめお願いしておけば、平日の夜や土曜日は夫に子どもの世話を頼める。	定期的に自由な時間が持てるよう、夫に協力を依頼する。
実際に起業している人のリアルな話を聞いてみたい。	フリーで働いている友人をランチに誘ってみる。
会社において、何をプラスしたいのか、プラスできるものがあるのか、わからない。	会社で自分ができることは何なのか、どういう形なら会社といい関係が築けるのか、もう一度考えてみる。
TOKYO創業ステーションや商工会議所で、起業の相談ができるようなので、一度行ってみたい。	有休をとって足を運ぶ。
英語力をもっと強化しておきたい。	ビジネス英語に強いスクールを調べてみる。
一日20分は運動する習慣をつけたい。	エアロバイクを買う。
TOEIC800点台を目指したい。	ビジネス英語に強いスクールを調べてみる。
起業したら、仕事そのものの他に、何を知っておかなくてはいけないかを知りたい。税金の納め方、お客様とトラブルになったら……等	フリーで働いている友人とランチをするときにいろいろ聞いてみる。
BtoCの営業経験はないので、起業するなら個人のお客様を集客する経験を積む必要がある。	個人のお客様を集客する方法を誰かに習って、実際にやってみる。ピンキリのコンサルタントが溢れているので、信頼できる人を知り合いから紹介してもらう。
自分が持っている技術を人に伝えるという技術をプラスしたい。	起業したら研修もやりたいので、研修講師としてのスキルを身に着けられるセミナー等を探す。
家に仕事の愚痴を持ち込まないと心がけていたので、夫に悩みを話したことがなかったが、一度、これからのことをじっくり話して、応援してもらいたい。	子どもを実家に預けて、夫婦だけで話せる時間を確保する。
今まで無駄だと思い込んできたが、一度は上司に、今の悩みを打ち明けて、何か打開策がないか相談してみよう。	○○さんと上司に、時間をとってくれるよう頼む。
気持ちや迷いを含めて、話を聞いてもらいたい。	休日に会おうと連絡をする。
これからのキャリアについて、いろいろな角度から専門家に相談してみたい。	サイトから申し込んでみる。
起業家同士のコミュニティを作っているようなので、そこに入れてもらえないかな。	仲間に入れてもらえるか聞いてみる。会社以外のコミュニティで仲間を拡げてみたい。

リソースの整理

強み	上手にできること	人の成長に親身になって寄り添うことができる。一度やると言っ
	好きなこと	世界中の人と対等に議論をすること。どんな立場の人も同じ土俵
	人生のテーマ	人には磨けば光る何かが必ずある。それを引き出して成長するた
		今持っているもの（現状）
外的環境	お金	自由に使える貯金が200万円、退職金として300万円が見込める。
	時間	会社の仕事、家事、子育てで、時間はほとんどない。
	情報	起業に関する情報は何冊か本を読んだ程度。
	会社	管理職としての地位。高い評価。高い年収。安定。
	公的機関	今まで利用したことはない。
	学校	社会人になってから、教育機関に通ったことはない。
内的環境	健康	基本的に健康であるが、歳とともに疲れやすくなっている。
	資格	TOEIC700点台
	知識	企業で働くうえでの知識はあるが、起業家としての知識がない。
	経験	保険会社時代の営業経験と、今の会社での英語でのビジネス経験。
	技術	学生時代に留学経験があり、ビジネスで通用する英語力がある
人	家族	夫も仕事が忙しいが、家事や育児を分担してくれるので、なんとか今も仕事と家庭を両立できている。実家の母には、週１回くらいなら、手伝いをお願いできる。
	仕事関係	同僚の〇〇さんは、会社に枠組みにとらわれずに、相談に乗ってくれそう。
	友人	学生時代からの友だちの□□は、客観的な意見を言ってくれるだろう。
	キャリアコンサルタント	キャリアコンサルティングを申し込めるサイトをいくつか見つけてある。
	知り合い	Facebookを通じて知り合った人の中に、同じような形で起業をしている人がいる。

（管理職）に昇進したことを境に、ストレスが大きくなっています。専門職に転向しようかとも考えましたが、その場合年収は下がり、また、将来的にも上がっていく見込みがなくなります。転職も考えていますが、今の職場以上に興味のある事業が見つからず、なかなか気が乗りません。そんなとき、ふと目にした女性起業家のネット記事から、起業という道があることに思い至ります。自分には、「営業力＋英語力」があるので、それを活かして、ビジネスマン向けの研修や個人レッスンができるのではないかと考え始めています。

Oさんは、まだ起業すると決めたわけではありませんが、具体的に何をしていけばいいのかが見えてきましたので、動き出せそうです。いろいろ動いてみて、人と話し、情報を得ていく中で、Oさんにとって一番ベストな道が見えてくることと思います。

SECTION 04

計画を立てる

計画を立てる

具体的な行動が見えてきたら、計画表を作ってみましょう。あまり先のことは不確定要素が多いため、1か月単位で、1年後までの年間計画表が良いと思います。

またOさんの例で、計画表の作り方を参考にしてみてください。

今日から始めよう

本書もいよいよ終わりに近づいてきました。所々で「なるほどなぁ」と感じてくれたら、それは嬉しいのですが、本を閉じ、またいつもの日常に戻ってしまうのでは、

年間計画表

	1か月後	2か月後	3か月後	4か月後	5か月後	6か月後	7か月後	8か月後	9か月後	10か月後	11か月後	1年後
まずは最寄りの日本政策金融公庫支店に相談。創業計画書を作る際のアドバイスを受ける。												
定期的に自由な時間が持てるよう、夫に協力を依頼する。												
フリーで働いている友人をランチに誘ってみる。												
会社で自分ができることは何なのか、どういう形なら会社といい関係が築けるのか、もう一度考えてみる。												
TOKYO創業ステーション等に有休をとって足を運ぶ。												
ビジネス英語に強いスクールを調べてみる。	調べる	検討	開始									
エアロバイクを買う。												
個人のお客様を集客する方法を誰かに習って、実際にやってみる。信頼できるコンサルタントを知り合いから紹介してもらう。												
起業したら研修もやりたいので、研修講師としてのスキルを身に着けられるセミナー等を探す。	調べる	検討	開始									
子どもを実家に預けて、夫婦だけで話せる時間を確保する。												
会社の同僚○○さんと上司に、時間をとってくれるよう頼む。												
友人に休日に会おうと連絡をする。												
キャリアコンサルティングにサイトから申し込んでみる。												
SNSの起業家仲間に入れてもらえるか聞いてみる。会社以外のコミュニティで仲間を拡げてみたい。												

意味がありません。計画表で立てた1か月後の目標のために、とにかく今日できることを、ひとつでもやってみてください。

古代ギリシアの哲学者、ヘラクレイトスは言いました。

「万物は流転する」

「同じ川に2度入ることはできない」

すべてが移り変わっていく世の中、すべてが移り変わっていく人生の中で、あなたも、動き続けることが自然なのです。無理して生産性を上げろ、という意味ではありません。水がサラサラ流れるように、あなたの人生の「金の糸」に沿って、さまざまな模様を織りなしてください。

水は、動いている限り、濁ることはありません。

第6章まとめ

人生がストーリーであるように、キャリアもまた、ストーリーです。

未来のあなたは、どんなストーリーを生きて、どんなゴールに向かって歩いているでしょうか。そこに立つあなたは、どんな顔をしているのでしょう。

どんな選択肢をとるのか、具体的にはまだ決まっていないかもしれません。本書でお伝えしてきたことを吟味し、ゆっくり考えてみていただければと思います。

ただ、忘れないでください。あなたには強みがあります。あなただけの特性があります。あなただけが経験してきたことがあります。これまで味わってきた喜びも哀しみも、あなただけのものです。

それらを軸に、人生から求められているものに応えられるキャリアを、どうか生きてください。

おわりに

ここまで読んでいただき、本当にありがとうございます。

あなたが心から納得してキャリア選択をするためのお手伝いが、少しでもできたならば、こんなに嬉しいことはありません。


私には夢があります。


働く大人がみんな、キラキラした笑顔でいてくれることです。

イキイキした目でいてくれることです。

そんな大人たちを見て、子どもたちが「大人って楽しそう！　早く大人になりたいなぁ」と、感じてくれることです。

幸せなお父さん、お母さんが一人でも増えることで、幸せな子どもが増えることです。

お父さん、お母さんの働く背中を見て育った子どもが、
大きくなって、自分の意志で自分の道を選び、力強く歩いて行くことです。

だから、私は、あなたを応援したいのです。

誰かの子どもであり、
誰かの親であり、
誰かにとって大切な人である、
一生懸命働くあなたを。

あなたは、あなたの望むストーリーを選択することができます。
あなたは、あなたの望むストーリーを生きられます。

あなたのストーリーの中から生み出される仕事によって、喜んだり、癒されたり、

幸せになったり、感動する人がたくさん出てくるでしょう。

あなたに、生きていてほしい。それも、幸せな気持ちで生きていてほしい。あなたには、その価値があります。

最後に、今回の出版に際し多大なご支援をいただきました、株式会社ケイズパートナーズの山田稔さん、株式会社モッティの望月高清さんに深く感謝申し上げます。ここまで導いていただき、本当にありがとうございました。

また、日々、人と社会に貢献するチャンスを私に与えてくださるお客様、いつも支えてくださる会社の皆様、友人の皆様、そして素の私を受け入れてくれる家族に、心から感謝しています。いつも本当にありがとうございます。

桜又　彩子

著者紹介

桜又 彩子（さくらまた あやこ）

ストーリー・キャリアコンサルタント

早稲田大学第一文学部文芸学科　卒業。
東京未来大学子ども心理学科　卒業。
システム開発会社の人事部で約7年間働いたのち、企業従業員の心身の健康をサポートする会社で約15年間、メンタルヘルス対策や健康経営のコンサルティング業務、研修講師等を担っている。また、働く人々の悩みや心に長年向き合ってきた経験を活かし、フリーのキャリアコンサルタントとして活動。クライエントの人生をストーリーで把握し、「強み」に着目しながら、クライエントが真に望むストーリーを共に探索するコンサルティングで好評を得ている。
＜保有資格＞
キャリアコンサルタント（国家資格）、ポジティブ心理学プラクティショナー、シニア産業カウンセラー、特定社会保険労務士　など
＜著書＞
『これだけ覚える！メンタルヘルス・マネジメント®検定II種（ラインケアコース）』オーム社
『これだけ覚える！メンタルヘルス・マネジメント®検定III種（セルフケアコース）』オーム社
『豊受比売（とようけひめ）』郁朋社

起業を考えたら会社を辞める前に読む本
起業したら本当に望む人生を送れますか？

2023年1月26日　初版第一刷発行

著　者　桜又 彩子
発行者　宮下 晴樹
発　行　つた書房株式会社
〒101-0025　東京都千代田区神田佐久間町3-21-5　ヒガシカンダビル3F
TEL. 03（6868）4254
発　売　株式会社三省堂書店/創英社
〒101-0051　東京都千代田区神田神保町1-1
TEL. 03（3291）2295
印刷／製本　シナノ印刷株式会社

ISBN978-4-905084-64-8